GUÍA **BIBLOK** DE JARDINERÍA PARA

Interiores
terrazas y balcones

Biblok

Edición: Zahara García
Diseño: Juliana Eslava
Ilustraciones: Jacob Taurà
Maquetación: Mercedes Rojas, Ana Rama,
Daniel Rojas, Stephanie Herbiet
Redacción: Roger Jímenez
Corrección: Victoria Sánchez

Depósito legal: B.4272-2010
ISBN: 978-84-937589-0-5

Impresión y encuadernación:
Printer Industria Gráfica Newco S.L.

Impreso en España - *Printed in Spain*

GUÍA **BIBLOK** DE JARDINERÍA PARA

Interiores
terrazas y balcones

Biblok

Sumario

Introducción

Vivir entre flores y plantas no es un lujo reservado a quienes viven en el campo. La jardinería de interiores nos permite traer lo mejor de la naturaleza a nuestro hogar, aunque residamos en el centro de una gran ciudad.

No es de extrañar la creciente afición por el cultivo de plantas en los hogares, ya sean de interior o de exterior, en balcones y terrazas, pues gracias a la explosión de color que nos ofrece la jardinería en recipientes, cualquier lugar puede cambiar radicalmente de aspecto y hasta la gris monotonía de las grandes ciudades puede adquirir color.

Rodeados de plantas y flores, la existencia cotidiana se nos antoja mucho más amable y llevadera, incluso más «humana», porque las plantas, por sí mismas son capaces de humanizar un espacio frío y desangelado, llenándolo de alegría, o incluso de mejorar el aspecto y utilidad de un simple balcón hasta elevarlo a la categoría de rincón paradisíaco. Sabiamente colocadas en interiores, terrazas y balcones, las plantas no se limitan a aportar un sinfín de soluciones decorativas, sino que también contribuyen de una manera decisiva a mejorar nuestra salud, al ejercer su función de purificadores del aire. Pero por este mismo motivo, porque las plantas colocadas en recipiente, especialmente las situadas bajo techo, se ven forzadas a vivir fuera de su entorno natural para llenar de vida y decorar nuestros apartamentos, casas, oficinas o tiendas, será

preciso que extrememos nuestros cuidados para conseguir que se sientan tan bien como en medio de la naturaleza, y crezcan y florezcan en consecuencia.

Esta útil guía proporciona toda la información necesaria para facilitarnos alcanzar este objetivo. Desde consejos que nos ayudarán a seleccionar las plantas más adecuadas para ser cultivadas en recipientes, hasta los trucos que nos permitirán para resolver los problemas específicos que conlleva el cultivo de plantas en jardineras y macetas, sin olvidar ninguno de los aspectos necesarios para tener éxito en nuestro jardín, ya sea de siembra o de poda, ya de abono o de riego, y con sugerencias y recomendaciones que van desde el tratamiento de plagas hasta el diseño y la ornamentación de las zonas que deseamos convertir en un jardín.

Con explicaciones sencillas, útiles fichas de plantas, calendarios de cuidados, precisas ilustraciones paso a paso, fotografías y cuadros-resumen, este manual pone al alcance de todos los lectores, sin descuidar a aquellos que se acerquen por primera vez a la jardinería, las técnicas y conocimientos necesarios para convertir nuestros balcones y terrazas en auténticos jardines, y para conseguir rodearnos de unas exuberantes plantas de interior de un verde espléndido y vibrante.

Un jardín en casa

Distribución de las plantas en el hogar

Gracias a las plantas la naturaleza entra en nuestro apartamento de ciudad. Estos seres vivos, a la vez que belleza ornamental, aportan a nuestros hogares alegría y color, vida, equilibrio y armonía

EN EL SALÓN

Las plantas son seres vivos que requieren unas mínimas condiciones para sobrevivir, como una determinada cantidad de luz, y una temperatura ambiente y una humedad relativa apropiadas, que determinan su colocación en un lugar concreto, con el fin de que su presencia sea duradera. Cerca de la ventana, relativamente expuestas a la luz natural, es el sitio idóneo para la mayoría de las plantas, aunque también pueden desarrollarse en buenas condiciones en otros lugares de la casa con luz artificial, como un rincón o junto a la pared, lejos de la exposición directa de la luz del día.

Las plantas de interior son un elemento que aporta color y calidez a un lugar frío e impersonal, es decir, tienen también una función estética y ornamental. Por ello es importante una adecuada distribución en las diferentes estancias de una vivienda, de acuerdo con las posibilidades decorativas que ésta ofrezca.

Las podemos colocar de diferentes maneras, dependiendo del tamaño y del espacio disponible. Las más grandes pueden permanecer aisladas del resto, visibles en un rincón o junto a una pared, mientras que las más pequeñas quedan mejor junto a otras especies de unas medidas y formas similares, de manera que resalten, y formen un conjunto atractivo y vistoso.

El salón principal de la casa es el lugar más apropiado para las plantas, puesto que suele ser el espacio con mejor iluminación de toda la vivienda y el que tiene una dimensión superior a la del resto de las habitaciones, ya que cumple las funciones de sala de estar. Por este motivo, aquí solemos colocar las plantas de flor o de un tamaño mediano y grande, que suelen ser más aparentes que otras más pequeñas, y con menos verdor y color.

No olvidemos de que, al tratarse de la estancia más vista de la casa, el carácter decorativo de las especies vegetales adquiere un mayor protagonismo. Para salones con poca luz, es mejor elegir vegetales con hojas grandes, como las costillas de Adán.

Entre los inconvenientes principales que presenta la ubicación de plantas en el salón, destaca una temperatura más elevada y un ambiente más seco que en el resto de las dependencias, que nos obligan a airear y humidificar con frecuencia la estancia.

EN OTRAS ESTANCIAS

Además del salón principal, en la vivienda existen otros espacios que podemos decorar con plantas. El recibidor, si hay suficiente luz, es una parte del piso apropiada para ofrecer a nuestros huéspedes una cálida bienvenida con flores coloridas y frescas, que lucen más si las situamos sobre una mesita o un pequeño buffet. Cuando la intensidad lumínica no es la adecuada, tenemos la opción de crear luz artificial con una lámpara estratégicamente colocada cerca de las plantas. Otro recurso muy práctico consiste en poner un espejo grande, de manera que con éste se refleje la luz natural indirectamente sobre las plantas.

Pero lo mejor es optar por plantas que se adaptan bien a la escasez de luz, como la aspidistra, la sansevieria o la kentia, entre otras.

Las plantas altas, como los ficus o las palmeras, son ideales para los pasillos, expuestos a las corrientes de aire y con baja intensidad de luz.

En el cuarto de baño, donde se da un microclima cálido y húmedo, muy diferente al del resto de la vivienda, podemos colocar especies originarias de ambientes tropicales, como diferentes tipos de helechos o de hiedra. Si está bien iluminado, puede acoger caladios, kentias o hiedras de hoja pequeña, entre otras especies; en cambio, si la luz es escasa, será preferible tener un ficus o una hiedra de hoja pequeña y verde.

La cocina es otro rincón de la casa donde la temperatura y la humedad son más elevadas que en el resto. El principal problema es la acumulación de humos, por lo que es conveniente colocar las plantas en un lugar apartado de los fogones, quizás junto a la ventana. Si a través de ésta entra suficiente luz, podemos tener cóleos, crotones y alegrías de la casa. Cuando aquélla escasea, es preferible cultivar espatifilos o tradescantias. También resulta muy útil en la cocina cultivar hierbas destinadas a un uso culinario: albahaca, perejil, menta, laurel,

Podemos crear un exuberante rincón de plantas en casa. Junto a la ventana recibirán la luz necesaria y, al estar todas juntas, crearán un microclima húmedo muy beneficioso.

orégano, hierbabuena, romero, tomillo, etc. Son el complemento ideal para dar sabor a determinados platos.

Nos podemos decantar por situar algunas plantas en los dormitorios, siempre recordando que éstas producen oxígeno, a la vez que consumen dióxido de carbono. Son excelentes filtros para limpiar el aire de toxinas, aunque debemos tener cuidado y no sobrecargar en exceso con plantas un dormitorio, ya que durante la noche éstas emiten dióxido de carbono, que puede resultar perjudicial para quienes duerman en él.

EN BALCONES Y TERRAZAS

Más allá de la metereología propia del lugar donde vivimos, conviene tener en cuenta el microclima o las particularidades ambientales que se dan en cada terraza o balcón; en definitiva, las condiciones serán parecidas a las de un jardín. Debemos estudiar las zonas de sol y sombra de las que disponemos para acertar con las necesidades de nuestra selección y la distribución de las plantas. Este aspecto se halla muy condicionado por la orientación de la vivienda.

Si está orientada hacia el norte, sin incidencia directa del sol sobre la terraza, tendrá unas condiciones favorables al cultivo de cierto tipo de plantas relativamente resistentes al frío, como la hiedra. En cambio, si se trata de un lugar soleado y cálido, será recomendable elegir especies resistentes al calor.

A la hora de colocar las plantas en el balcón o la terraza, también nos plantearemos si tienen acceso al agua de la lluvia, aspecto que adquiere una gran relevancia en climas húmedos. Por el contrario, si residimos en una zona con tendencia a padecer épocas de sequía, deberemos tener en cuenta la proximidad de una salida de agua, así como la elección de plantas adaptadas a un entorno hostil. Una opción es plantar un xerojardín, compuesto de ejemplares que necesitan muy poca agua, como los cactus o las crasas.

Otro elemento que debemos tener en cuenta es el viento: su acción aumenta la sequedad del ambiente y acentúa la sensación de frío en invierno. Para proteger las plantas, podemos colocarlas junto a la pared, en dirección contraria al viento, o poner algún soporte protector junto al recipiente que sostiene el vegetal. Es muy apropiada la elección de plantas que sean muy resistentes al viento, como las de hoja pequeña y coriácea o cualquier tipo de cactus.

También debemos mantener un suficiente nivel de humedad en el sustrato, mediante el riego frecuente de la tierra sin llegar a empaparla, ya que entonces se produciría el efecto contrario y la planta padecería por exceso de agua.

En las grandes ciudades suele haber unos elevados índices de contaminación, que no favorecen precisamente el crecimiento de los vegetales en buenas condiciones ambientales. Para mitigar los nocivos efectos de la polución en los vegetales, tenemos la opción de elegir especies resistentes (geranios, por ejemplo) y, una vez plantadas, limpiar a menudo las hojas con un paño húmedo o rociarlas con agua.

LOS GERANIOS son poco resistentes a las helados y a las temperaturas por debajo de 0º. En lugares donde el invierno sea muy frío es mejor protegerlos con un plástico o ponerlos dentro de casa.

GERANIOS

Una planta muy habitual en nuestras terrazas y balcones es el geranio, que en verano da unas vistosas flores de color rojo, blanco o rosa.

Para que los geranios se desarrolle bien necesita mucha luz; crecen con temperaturas altas en verano, se mantienen bien hasta los 24 °C y en invierno no deben pasar de los 15 °C.

Necesitan un lugar soleado pero hay que protegerlos cuando los rayos de sol calientan más, por ejemplo durante las horas centrales del día en verano. Dentro de casa, se pueden cultivar geranios en una ventana orientada al sur.

Si los plantamos en un lugar poco iluminado, es posible que crezcan de forma alargada, en busca de la poca luz existente; además, darán pocas flores. Hay que tener en cuenta que no aguantan bien el frío. Si los tenemos fuera y la temperatura baja hasta los 0 °C, tendremos que protegerlos con un plástico o meterlos en casa. En verano, debemos regarlos dos o tres veces por semana, pero el resto del año necesitan mucha menos cantidad y frecuencia de riego, pues un exceso de agua puede llegar a pudrir los tallos.

Pueden alcanzar los 45 cm de altura, pero no es recomendable dejarlos crecer mucho más, pues entonces su floración se puede resentir.

Los tipos de geranios más habituales son el geranio común, la gitanilla, el pelargonio de pensamiento y el geranio de olor.

En la mayoría de los casos los podemos tener al aire libre, en una terraza, pero en el caso del pelargonio de pensamiento es mejor cultivarlo en el interior de la vivienda.

Condiciones necesarias para las plantas

Desplazadas de su hábitat natural, las plantas de interior requieren unas condiciones ambientales que debemos crear de forma artificial. Luz, temperatura y humedad son los factores fundamentales en el diseño de nuestro «jardín» particular.

En general, la mayoría de las plantas de interior no tolera la acción directa del sol sobre ellas. Si se sitúan junto a la ventana, es preferible protegerlas en los momentos de mayor radiación solar bajando un poco las persianas o corriendo las cortinas.

LUZ

La luz es uno de los factores más importantes a tener en cuenta cuando cultivamos plantas en el interior de una vivienda. Los vegetales la necesitan para poder hacer la fotosíntesis.

Por todo ello, a la hora de colocar una planta en un lugar determinado, deberemos contemplar la cantidad de luz que recibirá. La escasez de luz puede provocar que las hojas adquieran un aspecto pálido o incluso que se caigan. Si el debilitamiento es mayor, puede llegar a causar la muerte del vegetal.

Otra cuestión relevante es el tipo de planta que queremos cultivar. Hay algunas que necesitan más luz y que se deben colocar en espacios orientados al sur, junto a las ventanas, expuestas de manera más o menos directa al sol.

Otras plantas tienen una tolerancia menor a la intensidad lumínica y deben vivir perfectamente en un rincón umbrío, sin luz natural directa.Si no hay suficiente luz natural, existe la posibilidad de crearla de manera artificial, mediante la utilización de lámparas, o de aprovechar más la existente con la instalación de espejos.

TEMPERATURA

Las plantas de interior son sensibles a los cambios bruscos de temperatura, por lo que se recomienda mantener la estancia con un ambiente térmico más o menos constante, que será mayor en primavera y en verano, estaciones que corresponden a la época de crecimiento, y menor en otoño y en invierno. Las corrientes de aire hacen variar de manera brusca la temperatura y resecan la humedad ambiental.

La temperatura mínima ideal para la mayoría de las plantas de interior se halla entre los 15 y los 20 °C, un ambiente cálido perfecto para especies como orquídeas o ficus, aunque, como sucede con la luz, algunas soportan temperaturas más elevadas que otras; las especies tropicales, por ejemplo, aguantan bien hasta los 35 °C, siempre que esta temperatura vaya acompañada de una humedad suficiente. En contraste, es necesario un ambiente frescopara plantas de exterior que ocasionalmente pasan a ocupar un espacio interior.

HUMEDAD

La mayoría de las especies de interior acepta altos porcentajes de humedad. Hay que tener en cuenta que gran parte de las plantas que se cultivan en el interior provienen de regiones de clima tropical.
Un ambiente muy seco, es perjudicial para las plantas. Para elevar el grado de humedad ambiental, podemos rociar las hojas de la planta o pulverizar con agua el ambiente. También debemos prestar atención a la humedad del sustrato.

CONO DE RIEGO. PASO A PASO

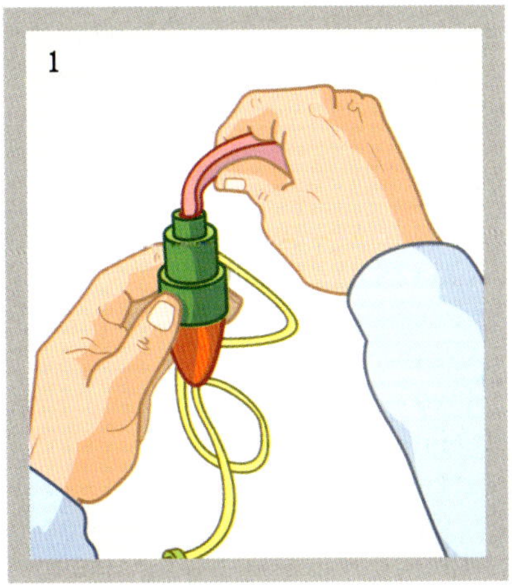

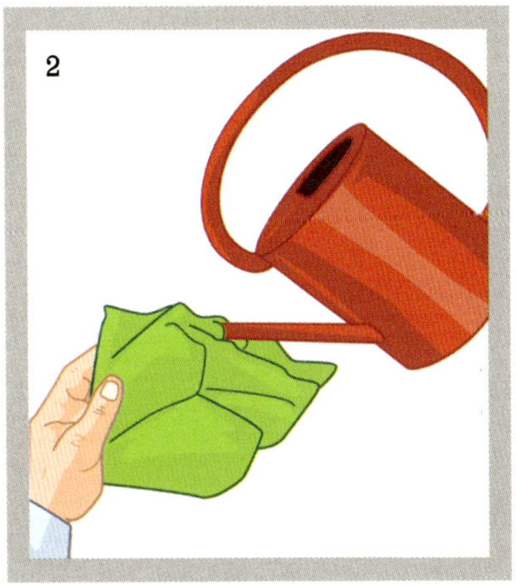

1 **Relleno del cono**
Lo primero que debemos hacer es retirar el tapón y llenar con agua el depósito del cono de cerámica. Recolocamos el tapón para que el cono quede cerrado con el agua dentro.

2 **Agua en el depósito**
Con la boca estrecha de la regadera podemos llenar de agua la bolsa del depósito. Luego introduciremos el extremo libre del tubo conductor en la bolsa (éste lleva incorporado un peso de plomo que lo mantiene en el fondo).

3 **Colocación del sistema**
Humedecemos la parte cerámica del cono y la clavamos en el sustrato. Por otra lado, anclaremos el depósito al borde del recipiente asegurándonos de que queda vertical y que no roza con el suelo.

4 **Reserva completada**
La planta dispondrá del agua suficiente para su desarrollo, porque la irá absorbiendo según sus necesidades.

Recipientes

Una planta es un ser vivo que necesita un espacio vital donde asentarse. Por este motivo, resulta fundamental la elección de los recipientes de acuerdo con el tipo de especie que queremos cultivar.

MACETAS

Antes de elegir un recipiente, hay que tener en cuenta el tamaño, la forma, el peso y el volumen que puede llegar a alcanzar la planta que pretendemos cultivar. Por ello, previamente al momento de elegir la maceta, nos informaremos acerca del tipo de vegetal que queremos plantar. Para una especie que alcance una altura máxima de 40 a 60 cm, necesitaremos macetas de entre 25 y 30 cm de diámetro; si se trata de una planta que pueda medir 1,50 cm, entonces será mejor una maceta de un mínimo de 40 cm de diámetro.

En consecuencia, existen diferentes tipos de macetas: anchas, profundas, de gran tamaño, etc. Las anchas son apropiadas para plantas con mucho volumen y un denso follaje, como begonias y poinsettias.

Las especies perennes de gran envergadura o con muchas raíces necesitan disponer de mucho espacio en unas macetas profundas, capaces de albergar una suficiente cantidad de sustrato.

También debemos tener en cuenta el material del que están hechas las macetas. Existen contenedores de materiales naturales y otros sintéticos. Las macetas de barro o madera son las más habituales entre los del primer tipo, mientras que los segundos suelen ser de plástico o metal.

Las macetas de barro son recomendables para contener plantas que no requieran tierras con una humedad constante ya que, por su porosidad, la humedad del sustrato se evapora con relativa rapidez. Precisamente por esta porosidad, estos recipientes facilitan la respiración de las raíces de la planta.

Las macetas de madera deben ser lo suficientemente duras para resistir la humedad y evitar su putrefacción. Si se trata de una madera blanda, podemos colocar un protector para la planta que no sea tóxico.

Por norma general, los recipientes de material sintético duran más que los naturales y suelen ser más ligeros. En las macetas de plástico, inorgánicas, no existe el problema de la porosidad, por lo que son perfectas para las especies que necesitan sustratos constantemente húmedos. En el fondo deben tener un agujero, destinado al drenaje del agua sobrante; es importante comprobar este aspecto antes de colocar la planta en la maceta porque, si no, se puede acumular una cantidad de agua excesiva que perjudicará el desarrollo del vegetal.

PLANTAR POR CAPAS PASO A PASO

Se pueden crear composiciones espectaculares plantando bulbos a diferentes alturas. Al combinarlos con hiedra y con plantas de floración larga, la maceta no se verá vacía mientras éstos crecen.

1 Se cubre el fonde de la maceta con trozos de cascajo y compost. A unos 10 cm se ponen los primeros bulbos con las puntas hacia arriba, y se cubre nuevamente con compost. Se gira ligeramente la maceta hacia un lado antes de poner una nueva capa, creando así espacios para que las raíces crezcan. Las puntas de la última capa de bulbos debe sobrepasar apenas el compost.

2 La hiedra trepadora se planta rodeando el tiesto, para que las ramas caigan decorando los bordes. Se puede combinar también con plantas de floración larga como la buganvilla, la gallardía o los pensamientos. Esto mantendrá la maceta colorida durante la mayor parte del año. Para estimular el crecimiento de flores nuevas, se recomienda ir retirando las muertas.

3 Plantar los bulbos a diferentes alturas garantiza que la superficie de la maceta esté siempre cubierta, así no florezcan todos al mismo tiempo. Cuando llega la primavera y las diferentes plantas han florecido, es preciso abonar cada dos semanas con un abono líquido débil. Si el tallo no aguanta el peso y se inclina hacia los lados, conviene enturorarlos.

JARDINERAS

De forma alargada y rectangular, destinadas generalmente a los alféizares de las ventanas o a lugares elevados, las jardineras son recipientes que permiten agrupar varias plantas de características similares, con unas parecidas necesidades de agua y de luz.

La combinación más lógica y sencilla consiste en colocar especies idénticas en la misma jardinera, de manera que todas tengan un crecimiento semejante.

Si elegimos plantas de diferente envergadura o tipo, las de mayor tamaño seguramente absorberán el agua antes que las más pequeñas, que pueden llegar a marchitarse por falta de líquido; en ese caso, tendremos que sacar las plantas afectadas y colocarlas en otro lugar. Existe otra solución relativamente sencilla: plantar las especies en macetas individuales y colocarlas unas junto a otras dentro de la jardinera; de este modo nos aseguraremos de que cada vegetal tenga su propio sustrato y reciba la cantidad de agua necesaria para su desarrollo.

Debido al peso y al tamaño de las jardineras, éstas no suelen ser cambiadas de lugar con frecuencia. Esto significa que, antes de elegir el lugar donde colocarlas, deberemos observar las condiciones ambientales existentes en dicho espacio. En un rincón soleado ubicaremos una jardinera plantada con hierbas aromáticas, mientras que, si se trata de cultivar especies delicadas, elegiremos un lugar protegido.

Estos contenedores suelen disponer de un mecanismo de drenaje para evitar la acumulación de una cantidad excesiva de agua en el fondo. Asimismo, algunos de ellos tienen un mecanismo de riego «automático»: son las hidrojardineras.

CANASTAS

Concebidas para permanecer suspendidas en el aire, sujetas al techo o a algún soporte elevado generalmente mediante unas cadenas de hierro u otro material resistente, las canastas o cestas colgantes tienen una finalidad decorativa.

Existen diferentes tipos de canasta, aunque la más tradicional es la de forma semiesférica o hexagonal, hecha de alambre recubierto de plástico. Este tipo de recipiente está abierto por los lados y tiene suficiente espacio entre los alambres para poder introducir las plantas desde los laterales.

El principal inconveniente de las canastas de bordes abiertos es que se secan muy rápidamente, por lo que es conveniente forrarlas para mantener la humedad del sustrato. El musgo es el revestimiento que retiene mejor la humedad y, además, es un bonito elemento decorativo del conjunto vegetal contenido en la cesta colgante. Otro material natural apropiado para revestir el

HIDROJARDINERAS

Las hidrojardineras son recipientes que llevan en el fondo un depósito de agua que permite alimentar a las plantas durante periodos de tiempo relativamente largos.
En este tipo de jardinera, el agua asciende por capilaridad por el sustrato hasta alcanzar las raíces de la planta. Así se garantiza que el vegetal tenga una humedad constante, ideal para su crecimiento.
Se trata de un contenedor apropiado para no tener que preocuparnos del riego de las plantas durante semanas o meses, ya que suministra agua a medida que aquéllas la necesitan.

Para que la cantidad de agua no se agote demasiado rápido, podemos proteger la superficie de la hidrojardinera con gravilla o bolitas de arcilla expandida; de este modo conseguiremos que se retenga el agua durante el mayor tiempo posible.

Este tipo de recipiente es muy indicado para las plantas de interior de tamaño más grande, puesto que necesitan una frecuencia de riego superior a otras especies más pequeñas.

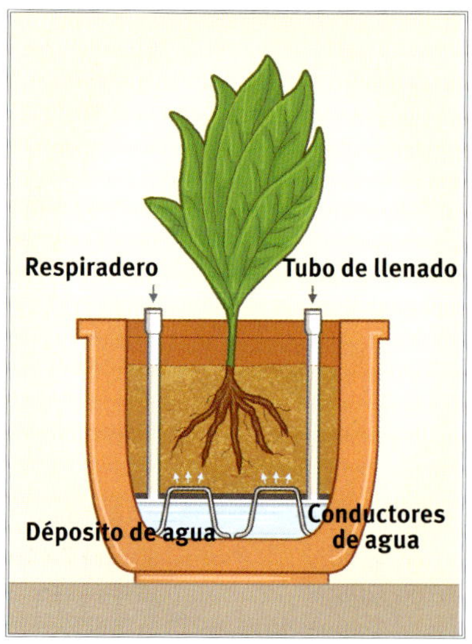

fondo de las canastas e impedir un drenaje excesivamente rápido del agua es la hierba un poco seca. También hay forros de diversos materiales, como la pasta de papel, restos de madera o la fibra de esparto. Todos ellos aguantan muy bien la tierra y la humedad.

Para retener el agua, existe un tipo de canasta colgante con paredes sólidas. Además de útil, sirve para contener determinadas especies vegetales, como las plantas trepadoras, que cuelgan por los costados y forman un efecto muy vistoso.

PLANTAR EN CANASTAS PASO A PASO

1 Apoyamos la canasta sobre un cubo para asentar el recipiente. Recubrimos el alambre con el material elegido y colocamos una plancha de plástico perforado o un plato en el fondo para frenar la salida de agua. Llenamos una tercera parte con tierra abonada, y añadimos un granulado que retenga humedad y un abono de disolución retardada.

2 Realizamos una serie de cortes que oscilen entre los 2 y los 3 cm alrededor del perímetro, manteniendo la misma distancia entre corte y corte. Los orificios nos permitirán pasar flores y tallos que acabarán por cubrir el armazón de alambre.

3 Introducimos las plantas los agujeros realizados. Es más sencillo hacerlo de fuera hacia dentro, empujando las raíces. Si el tallo es muy claro podemos hacerlo a la inversa.

4 Acabamos de cubrir la canasta con tierra y presionamos para compactar todo. Podemos hacer varias capas con enredaderas y flores para llenar la superficie y colocar una planta vertical en el centro si queremos que gane altura.

Las plantas de interior

2

Tipos de plantas de interior

Flores de infinitos colores, hojas de formas imposibles, plantas que parecen árboles y árboles en miniatura... En el interior de una casa podemos cultivar una gran diversidad de plantas de flor o de follaje verde.

CRITERIOS DE CLASIFICACIÓN

Las plantas de interior presentan diferencias en cuanto a la fisonomía, el tamaño, el follaje y las flores. Estos son los aspectos que determinan su clasificación en diferentes grupos y subgrupos.

A grandes rasgos, las podemos dividir en plantas de flor, de follaje verde o coloreado, y suculentas, aunque también se incluyen en esta clasificación las variedades vegetales enanas, y las hierbas aromáticas, medicinales y culinarias.

Las plantas de flor agrupan todas las especies que tienen como característica común la floración. Entre éstas hay diferencias en cuanto a la época en que florecen, así como respecto a la duración, la forma y el tamaño. Las perennes y vivaces, por ejemplo, aguantan más tiempo que las de temporada, que tienen una vida limitada a un año (anuales) o dos (bianuales).

Pese a que también son plantas perennes las bulbosas, que se perpetúan en el tiempo gracias a un mecanismo particular de acumulación de reservas nutritivas mediante los bulbos, unos órganos que se

CLASIFICAR LAS PLANTAS SEGÚN LAS CONDICIONES AMBIENTALES

También podemos clasificar las plantas de interior según las necesidades de luz, calor y humedad de cada una de ellas, así como si se tratan de plantas sencillas o menos fáciles de cultivar. Según estos criterios, tendremos plantas que requieran lugares bien iluminados y cálidos, especies de zonas umbrías y frescas, y otras que necesiten sol de manera directa. El ficus puede crecer bien en un rincón sin luz natural directa, mientras que un geranio es incapaz de sobrevivir en una habitación oscura. La hiedra se desarrolla muy bien en una terraza orientada al norte, fresca y sombreada, y los cactus, en cambio, aguantan bien el sol, y un ambiente cálido y seco. Las mayores o menores necesidades de agua también sirven para clasificar las especies vegetales en hidrófilas o xerófilas. En el primer grupo, podemos incluir todos los tipos de helechos, y en el segundo, los cactus y las plantas crasas. Sin embargo, por norma general, la mayoría de las plantas de interior necesita un ambiente iluminado y cálido, así como una moderada humedad ambiental. Y, en general, se debe evitar exponerlas directamente a los rayos del sol.

«Las mayores o menores necesidades de agua sirven para clasificar las especies vegetales en hidrófilas o xerófilas»

hallan bajo tierra, les dedicaremos un apartado por la importancia que tienen dentro del reino vegetal.

La fisonomía y la apariencia exterior son otro elemento mediante el cual clasificamos las plantas. Además de flores, tienen hojas, en muchos casos sin flor.

Entre las especies que no tienen flor, diferenciamos las que cuentan con un follaje verde y las coloreadas o con manchas (el ficus es una planta de hojas verdes y la begonia tiene el follaje coloreado).

Por último, y en relación con el tamaño, no es posible dejar de mencionar la existencia de variedades enanas, como los bonsáis.

No debemos olvidar, sin embargo, que la jardinería de interiores no solamente tiene unos fines decorativos, sino que podemos cultivar hierbas con propiedades aromáticas, medicinales o culinarias.

Dedicaremos el último subapartado a este tipo de vegetales, utilizados con fines medicinales o culinarios y habituales entre nosotros desde hace miles de años.

Plantas de flor

Sus vivos colores y suaves fragancias hacen de ellas las preferidas por los amantes de las plantas de interior. Tanto si son duraderas como si viven solamente una temporada, éstas requieren un cuidado especial.

Los hibiscos hay que ubicarlos en los lugares más iluminados de la casa. Se recomienda sacarlos al exterior en las épocas calurosas del año.

CARACTERÍSTICAS Y TIPOS

Se denominan plantas de flor a las especies que destacan por su floración. Elegidas principalmente para decorar y adornar nuestras casas, requieren una atención y unos cuidados específicos, diferentes a los de otras especies de interior. Para que florezcan con normalidad, debemos cultivarlas en lugares iluminados pero sin exponerlas directamente a los rayos del sol. También es recomendable regarlas con frecuencia para que el sustrato se mantenga siempre húmedo, especialmente durante la época de floración, así como girarlas de manera constante, para que el crecimiento de la planta sea homogéneo.

Se clasifican según su época de floración, que se produce en primavera, verano y otoño. Como sucede con la mayoría de los seres vegetales, la primavera es la época de floración para la mayor parte de las especies de flor y en general de interior. Azalea, campánula, cineraria o exacum son algunos de los ejemplares más comunes y bellos de floración primaveral, con unos colores y tonos muy vistosos y alegres, que van desde el blanco y el rojo hasta el azulado o el violáceo.

La azalea es una especie que tiene hojas pequeñas de color verde brillante, que quedan ocultas en el momento de la floración, tapadas por unas bellas flores de forma acampanada y de color blanco, naranja o rojo. La campánula destaca por unas bonitas flores azules; la cineraria, por sus flores de tono azulado, violáceo o blanco, y las del exacum son de un azul intenso.

Además de las citadas, entre las plantas de floración primaveral podemos destacar las del género *Primula*, que presentan flores de diferentes colores, y la tibuchina, un arbusto de interior con grandes flores de color púrpura.

> « Durante la época de floración es bueno regar las plantas de flor con frecuencia para que el sustrato se mantenga siempre húmedo »

También hay algunas especies de este tipo que florecen en verano y otoño. Entre las plantas de floración estival podemos citar el espatifilio o la gloxínea, mientras que son de floración otoñal la rosa de China o las bulbosas del género *Nerine*.

Los principales tipos de plantas de flor son vivaces y perennes, de temporada (anuales y bianuales) y bulbosas.

PLANTAS VIVACES

Reciben el nombre de *vivaces* las especies con tallos y flores que se marchitan y secan por la acción del frío, sin llegar a desaparecer totalmente, y que rebrotan cuando vuelve a aumentar la temperatura, es decir, conservan parte de su follaje en invierno, aunque esté muy mermado. Existen diferencias entre este tipo de vegetales según si conservan más o menos cantidad de hojas, como la gallardía, o si en invierno sólo mantienen sus raíces, como es el caso de la peonía, elementos orgánicos que les permiten rebrotar en primavera. La gallardía destaca por sus coloridas y vistosas flores, mientras que la peonía es una planta de carácter perenne con una flor de impresionante tallo, que llega a superar el metro de longitud.

También hay diferencias entre las vivaces según si éstas tienen una mayor necesidad de sol (verbena, por ejemplo) o de sombra (vinca), o si resisten bien en un terreno seco (la margarita africana). Cuando llega el frío del invierno, se secan sus tallos y hojas, aunque puede que quede una roseta de hojas pegada al suelo, como pasa con la milenrama y la gallardía; sin embargo, sus raíces siguen vivas bajo tierra y, cuando pasa el invierno, en primavera, vuelven a brotar.

Muchas especies vivaces tienen unas hojas muy atractivas, muy apropiadas por su función decorativa. Diferentes variedades de artemisia de hojas grisáceas, campanillas de coral de hojas marrones y toda clase de variedades cultivadas de consuelda media rastrera son algunas de las más conocidas.

Una planta vivaz fácil de cultivar, sin necesidad de unos cuidados especiales y que además resulta muy vistosa cuando florece, es la anémona. Es una planta que crece mejor en lugares sombreados y que, en general, resiste temperaturas frías, excepto si éstas son inferiores a los 0 °C. Se planta en otoño y florece en primavera. Una de las especies de anémona más común es la anémona de caen o coronaria.

PLANTAS PERENNES

Son perennes aquellas plantas que viven más de dos temporadas y que, a diferencia de las vivaces, conservan sus tallos y sus hojas durante todo el año, incluido el invierno. El geranio, la hortensia y el clavel son algunas de las especies perennes más conocidas.

El género *Pelargonium* incluye más de doscientos cincuenta especies, entre las que podemos citar el geranio común, el geranio de hojas de hiedra, también conocido como *gitanilla*, y el geranio de pensamiento. En general, los geranios se pueden cultivar en un lugar orientado al sur porque necesitan mucha luz e incluso sol de manera directa. La mejor especie para el cultivo en interior es el geranio o pelargonio de pensamiento.

La hortensia es una especie perenne que crece bien en un lugar sombreado o a pleno sol si se halla en un clima con una elevada humedad ambiental. El clavel, en cambio, puede colocarse a pleno sol, aunque necesita un riego frecuente.

Este tipo de vegetales disponen de una serie de recursos que les permiten sobrevivir durante largo tiempo. Poseen unas raíces más profundas que las de temporada; por lo tanto, tienen mayor facilidad para conseguir agua. También tienen una adaptación mayor al medio, que las hacen más resistentes que las anuales; un ejemplo de ello es que, para resistir a un ambiente frío y seco, algunas especies cuentan con hojas cubiertas de una capa de pelos.

Asimismo, producen una enorme cantidad de semillas que les garantiza su supervivencia. Los llantenes, las matricarias y los tanacetos son algunas de las especies que producen mayor número de semillas.

Además de reproducirse mediante semillas, las perennes poseen también la posibilidad de propagarse a partir de otras formas que les garantiza su supervivencia. Algunas poseen rizomas, que son tallos subterráneos a partir de los cuales se desarrollan nuevas plantas; otras tienen tallos rastreros, llamados *estolones*, que crecen horizontalmente, y que producen raíces y nuevas plantas.

PLANTAS PERENNES Y DE HOJA PERENNE

Hay que diferenciar entre plantas perennes y plantas de hojas perenne, que son las que tienen un follaje que se renueva de manera constante (a diferencia de las plantas de hoja caduca, que pierden sus hojas según la estación del año).

PLANTAS BIANUALES

Hay algunas especies que aguantan más tiempo y que reciben el nombre de *bianuales*. Aunque tienen una duración mayor que las anuales, cuentan con el inconveniente de que necesitan más tiempo para florecer. Generalmente las plantamos entre el verano y el otoño, y tenemos que esperar hasta el final del invierno o la primavera siguiente para que florezcan.
En otoño podemos plantar para que florezca en primavera la caléndula, la salvia y el agérato, entre otras. La malva y el clavel de poeta, especies bianuales que aguantan bien las bajas temperaturas, e incluso las heladas, se siembran a mediados de verano para que florezcan a final del invierno. Otras de las plantas de temporada bianuales que podemos destacar son el pensamiento, la campanuda, el digital y el alhelí. Estas especies tienen dos etapas de crecimiento: una en el primer año y otra en el segundo, y dependiendo de la estación en que se planten el primer año, tendrán una floración en el segundo.

PLANTAS DE TEMPORADA

Las plantas con flores de temporada son aquellas que tienen un tiempo de vida determinado, nunca superior a uno o dos años. Pasado este tiempo, las tenemos que tirar y sembrarlas de nuevo. Son de rápido crecimiento, y suelen tener unas flores muy vistosas y coloridas.
Se clasifican en anuales y bianuales. Las primeras son aquellas que tienen una duración de unos cuantos meses, sin llegar nunca a superar el año de vida. Las sembramos en primavera o en verano y florecen en el mismo año, pero las flores se caen con la llegada del frío, a finales de otoño o en invierno.

Algunas de las plantas de temporada anuales más conocidas son las siguientes: agérato, caléndula, cresta de gallo, cosmos, clarkia, alhelí amarillo, coronado, alegría de la casa, lobelia, petunia, banderilla, tagetes y zinnia.

En climas cálidos o suaves como el mediterráneo, donde el frío no es demasiado intenso y no se suelen dar temperaturas inferiores a los 0 °C, muchas especies anuales pueden sobrevivir al invierno y florecer al siguiente año, aunque la floración del segundo año siempre es de peor calidad que la del primero, porque la calidad de la planta va degenerando. Son de este tipo el agerato, el amaranto, el cosmos, el tagetes, la petunia, el antirrino y la gallardía.

PLANTAS BULBOSAS

Son conocidas con este nombre las que se cultivan a partir de bulbos, órganos que están bajo tierra y que sirven para acumular las reservas nutritivas que elaboran las hojas, es decir , los bulbos son el elemento orgánico a partir del cual brota y se origina una nueva planta cada año. Se caracterizan porque en invierno pierden las hojas, que rebrotan de nuevo en primavera.

Algunos ejemplos de plantas bulbosas son los tulipanes, los jacintos, los narcisos y las orquídeas.

Aunque hablamos de plantas bulbosas cuando nos referimos sobre todo a las que se cultivan con bulbos, también se incluyen en este grupo las que poseen cormos, raíces tuberosas o rizomas.

Los cormos son tallos subterráneos, de base gruesa y crecimiento vertical, que contienen nudos y abultamientos de los que salen yemas. Los gladiolos se reproducen con cormos.

Otro tipo de órgano destinado a acumular nutrientes es la raíz tuberosa, una especie de raíz de tamaño grueso presente en especies como la dalia.

Por último, hay plantas bulbosas con rizomas, tallos subterráneos con varias yemas que crecen de forma horizontal. Es un sistema de reproducción vegetativa común a muchas plantas, como el aquimenes, el lirio y el jengibre.

La mayoría de las especies bulbosas se planta en otoño para que florezca en primavera. Las podemos cultivar en jardineras, en combinación con plantas anuales o vivaces. Aunque no requieren un riego excesivo, debemos regarlas con cierta regularidad y tenemos que cortar las flores a medida que se vayan secando.

ORQUÍDEAS

La orquídea se caracteriza por tener unas flores de gran diversidad e intensidad de colores, así como extrañas y atractivas formas. La belleza y la fragancia de sus flores la han convertido en objeto de deseo de la mayoría de los aficionados a la jardinería de interiores, por lo que se ha convertido en una planta habitual en nuestros hogares, destinada principalmente a una función ornamental.

Al igual que otras especies bulbosas, las orquídeas crecen a partir de bulbos, pero también lo pueden hacer mediante la obtención de nutrientes y agua con sus raíces aéreas. En consecuencia, podemos clasificar las orquídeas en tres grupos: epifitas, semiterrestres y terrestres.

Las epifitas constituyen más del 90 % del total de las especies de orquídeas. Suelen hallarse colgando de árboles o de arbustos y obtienen el agua de la humedad del aire con las raíces aéreas. De origen tropical, son de enorme vistosidad y colorido.

El resto de las orquídeas son semiterrestres que crecen en el suelo, sobre un manto de hojas en descomposición o sobre piedras recubiertas de musgo, o terrestres, con sus raíces asentadas en la tierra.

A pesar de que en general son de cultivo difícil, especialmente para hacer que vuelvan a florecer una vez que han perdido las flores, hay algunas especies de orquídeas que son relativamente sencillas de cultivar, como las de los géneros *Cymbidium*, *Cattleya*, *Phalaenopsis* y *Dendrobium*.

La familia botánica Orchidaceae es la que cuenta con mayor número de especies. Se estima que debe de haber alrededor de 35.000 especies de orquídeas en todo el mundo pertenecientes a unos 750 géneros distintos, además de miles de híbridos. Pese a que la mayoría es de clima tropical o subtropical, encontramos orquídeas en cualquier parte del mundo.

PLANTAS CARNÍVORAS

Una planta carnívora, también llamada *planta insectívora*, obtiene la totalidad o la mayoría de sus necesidades nutricionales mediante la captura y el consumo de pequeños animales y protozoos, generalmente insectos y artrópodos. Estos tipos de plantas atraen y atrapan a sus presas, producen enzimas o bacterias digestivas y absorben los nutrientes resultantes.

Crecen en lugares donde el suelo es pobre, en especial en nitrógeno, como las tierras ácidas pantanosas y los farallones rocosos. Existen alrededor de seiscientas especies de plantas carnívoras en todo el mundo, divididas en catorce géneros botánicos y se clasifican según el modo que tienen de alimentarse.

La más conocida de todas es la venus atrapamoscas. En su caso, atrae al insecto o al pequeño animal con un néctar dulce, aquél se posa en la hoja y, cuando roza los cilios detectores, la planta se cierra automáticamente. Las espinas de los bordes de la Venus atrapamoscas impiden que la presa pueda escapar. El movimiento de ésta en el interior de la planta estimula la secreción de jugos digestivos que desintegran la presa.

La drosera posee hojas pegadas al suelo que segregan un fluido viscoso con un aroma parecido al de la miel. Cuando un insecto se posa en la hoja, queda atrapado en los pelos pegajosos. Después, los tentáculos se curvan hacia dentro hasta que se cierran, de manera que el insecto queda atrapado.

La sarracenia, tiene un receptáculo donde caen los insectos, atrapados por unos pelos dispuestos en forma invertida. Finalmente, se ahogan en el líquido digestivo.

Plantas de follaje verde

La belleza no se limita a las plantas con flores: existen muchas especies sin flor con bonitas hojas de un verde de diferentes tonalidades, que va desde el oscuro hasta un brillante que deslumbra. Son las plantas de follaje verde.

CARACTERÍSTICAS

Las especies de follaje verde resultan atractivas por la forma y el color de sus hojas, aunque la característica principal es la diferencia de tamaño del follaje, que va desde las de hoja grande a las de hoja pequeña, sin olvidar la existencia de un tipo particular de plantas, las palmeras, que más bien semejan árboles cultivados en macetas.

Según el tamaño de las hojas necesitan mayor o menor cantidad de luz: las que tienen el follaje más grande no requieren tanta iluminación como las de hojas pequeñas, puesto que la anchura de la superficie es suficiente para absorber la energía lumínica necesaria para sobrevivir.

También hay diferencias en relación con las condiciones de humedad necesarias. Las de follaje grande necesitan más humedad, tanto en el sustrato como en el ambiente, mientras que las de hojas pequeñas no requieren tanto cuidado en este sentido. Cuando el ambiente es excesivamente seco, veremos cómo se empiezan a secar los extremos de las hojas; deberemos entonces tratar de mantener la tierra húmeda y pulverizar con agua el ambiente. También es conveniente limpiar de vez en cuando las hojas con un paño húmedo, de manera que éstas retengan la humedad durante más tiempo.

TIPOS

Debido a la cantidad y a la variedad existentes, las plantas de follaje verde se clasifican según el tamaño de las hojas, que pueden ser grandes o pequeñas.

Las plantas de hoja grande son especies que no necesitan mucha luz, ya que tienen unas hojas lo suficientemente amplias para poder absorber la energía lumínica necesaria para sobrevivir. El exceso de luz puede perjudicar su crecimiento. Algunas de las más conocidas son la platanera, la aralia, la aspidistra y la costilla de Adán.

La platanera presenta uno o más tallos con enormes hojas en

sus extremos y puede llegar a alcanzar hasta los 2 metros de altura. Necesita suficiente humedad ambiental y un sustrato rico en materia orgánica. Debido al gran tamaño de sus hojas, la debemos colocar en habitaciones grandes y bien iluminadas.

Otros tipos de plantas de follaje verde y hojas grandes son la aralia, una planta de crecimiento rápido que destaca por sus hojas de forma palmeada y color verde brillante; la aspidistra, de hojas grandes y brillantes de color verde oscuro, y la costilla de Adán, que tiene unas hojas que recuerdan la disposición de las costillas humanas.

Las especies de hoja pequeña necesitan más luz que las de hoja grande, pero tampoco deben ser expuestas directamente a los rayos del sol. No requieren demasiada humedad, ni en el ambiente ni en el sustrato; de hecho, el exceso de agua puede llegar a pudrir sus raíces. La peperomia, la ardisia y la esparraguera son las especies de este tipo más conocidas. La primera es una planta crasa de tamaño pequeño que requiere muchos cuidados en el riego para que no haya un exceso de agua que pueda pudrir las raíces. La ardisia, por su parte, es un pequeño arbusto de hojas perennes con frutos de color rojo; la altura máxima de esta planta se halla entre los 45 y los 60 cm. Destaca por la delicadeza de sus hojas la esparraguera; aunque no tiene unas especiales necesidades de agua y luz, hay que evitar el exceso de calor.

HELECHOS

Los pteridofitos o helechos son especies perennes de follaje verde que se desarrollan en forma radial a partir de un eje central. Especie muy antigua, perteneciente a la era secundaria, es anterior en el tiempo a la mayoría de las plantas de interior. Son plantas que no producen flores ni semillas y que se multiplican por medio de esporas. Su abundante follaje hace que sean apreciadas como plantas de interior.

Presentan un tallo subterráneo en forma de rizoma, del cual parten unas raíces que parecen pequeños hilos. Las hojas de los helechos se conocen como *frondes*.

La mayoría de los helechos vive en zonas húmedas a la sombra, por lo que prefiere un ambiente húmedo constante. Algunos de ellos crecen sobre rocas, y otros, sobre los árboles; éstos últimos reciben el nombre de *helechos epifíticos*.

Los helechos se clasifican en helechos de hoja simple y de hoja dividida. Entre los primeros podemos mencionar el cuerno de alce, que recibe este nombre por la forma de sus hojas, muy anchas, y la lengua de ciervo, que tiene hojas en forma de lanza con los márgenes ondulados. Los helechos de hoja dividida más conocidos son el cirtomio, el culantrillo y la pelea. El cirtomio es una especie de color verde oscuro, muy resistente a la falta de humedad ambiental; el culantrillo destaca por sus hojas cortas, anchas y muy ligeras, que crecen bien en un ambiente húmedo y cálido, y la pelea es un helecho de tamaño pequeño que resiste en los ambientes secos.

En el interior de las viviendas, los helechos crecen mejor a una temperatura no demasiado alta, entre 10 y 15 °C, que compense en parte la relativa falta de humedad ambiental propia de los ambientes interiores. También podemos humidificar el aire en torno a la planta, para favorecer su crecimiento.

Además, necesitan un sustrato con bastante materia orgánica, que puede estar formado por un mantillo de hojas y tierra de brezo, una mezcla muy apropiada para el desarrollo del helecho. El sustrato debe mantenerse siempre húmedo, sobre todo en verano.

Debido a las condiciones especiales de humedad existentes, favorables para su crecimiento, son muy indicados para decorar los cuartos de baño. Otros lugares apropiados para cultivar un helecho son una terraza orientada al norte o un rincón sombreado y fresco.

LA PALMERA Y EL COCOTERO

La palmera es una planta de follaje verde y frondoso muy preciada en jardinería por lo bien que se adapta a los ambientes interiores. De origen tropical, suele ser fácil de cultivar en el hogar, aunque requiere unos cuidados específicos y, sobre todo, un ambiente suficientemente húmedo. Entre las variedades de palmeras más habituales destacan la kentia, el cocotero y la camaedorea.

En su hábitat natural, la kentia puede llegar a alcanzar los 20 m de altura. Cultivada en una maceta y en el interior de una casa no crecerá tanto; mejor dicho, su tamaño se reducirá considerablemente. Esta subespecie de palmera necesita una elevada temperatura y humedad, puesto que originalmente vegeta en ambientes tropicales, cálidos y húmedos.

El cocotero, por su parte, también es una planta que puede crecer bastante, hasta los 2 m de altura, pero su ciclo vital es más corto que la anterior, de tan sólo un par o tres de años. Su tallo se desarrolla a partir del fruto enterrado en la tierra de la maceta, el coco, de donde sale un largo tallo único.

Otra de las especies de interior más habituales es la chamadorea. Se trata de una planta de tallo erguido muy resistente y con un abundante follaje verde de una suave tonalidad. Para cultivarla en casa necesitamos ofrecerle un ambiente con mucha iluminación, un alto nivel de humedad y una temperatura templada y estable.

Si las hojas del ficus se tornan amarillentas puede deberse a un exceso de riego o a una carencia de hierro en el sustrato. Un riego controlado y un fertilizante rico en hierro, como el quelato, le devolverán su verdor original.

FICUS

Los ficus son árboles, arbustos y plantas trepadoras de follaje verde, la mayoría de hoja perenne. El género Ficus contiene alrededor de ochocientas especies de la familia de las Moráceas, originales de regiones de clima subtropical y templado. La mayoría es perenne, excepto los que habitan en climas templados y regiones en las que predomina un clima seco. Una de las especies más conocidas de este género es la higuera común (*Ficus carica*).

Una de las características de las especies de este género es que, cuando cortamos cualquier parte de la planta, ésta segrega un líquido de aspecto lechoso llamado *látex*. Otro de sus rasgos importantes es la propiedad colorante de sus hojas.

Los ficus, por lo general, son plantas resistentes y duraderas que se pueden cultivar tanto en el interior como en el exterior. Sobreviven con menos luz que la mayoría de las plantas de su tamaño e incluso toleran temperaturas frías, aunque no heladas.

Es preferible situarlos en un lugar con luz pero parcialmente sombreado, puesto que necesitan una cierta humedad en el aire, aunque no precisan un riego demasiado frecuente. De todas maneras, es conveniente pasar una esponja húmeda por las hojas de vez en cuando. Lo mejor para controlar que el ficus tenga un crecimiento bueno o normal es mantenerlo siempre en la misma maceta. Si de todos modos deseamos trasplantarlo, tendremos que esperar al menos dos años para llevar a cabo la operación.

En general los ficus son de crecimiento rápido, por lo que lucen muy bien en habitaciones grandes y luminosas.

TIPOS DE FICUS

Entre las especies de ficus más conocidas podemos citar el *Ficus benjamina* o ficus llorón, árbol de hoja perenne con ramas delgadas y hojas pequeñas. Éste es el tipo más habitual en el interior de las casas, debido en parte a que tolera las altas temperaturas, y unos niveles bajos de luz y de humedad. Además del ficus llorón, también podemos destacar el *Ficus deltoidea* o higuera mistelote, un arbusto de hojas pequeñas y redondeadas; el árbol del caucho (*Ficus elastica*), de hojas en forma elíptica de color verde oscuro; el hoja de lira, de hojas grandes de intenso color verde, y el ficus trepador o rastrero, de hojas en forma de corazón y de un color verde oscuro, que usa sus raíces aéreas para agarrarse a la superficie.

Plantas de follaje coloreado y con manchas

Una nota de color y una buena alternativa a las plantas de hoja verde son las especies de follaje coloreado y con manchas, que ofrecen una gran variedad de colores, formas y tamaños.

Las hojas del cóleo son sensibles al calor de las calefacciones o estufas; se recomienda mantenerlas a una temperatura fresca (entre 10 y 16°) para evitar su caída.

CARACTERÍSTICAS

Las plantas que tienen hojas con manchas o dibujos de diferentes colores y tonos son muy apreciadas porque suelen conservar su atractivo durante todo el año. Cumplen una función decorativa y quedan muy bien tanto si las colocamos aisladas del resto de las plantas como si forman parte de un grupo, por ejemplo junto a otras especies de follaje verde.

Debemos proporcionarles la luz adecuada, ya que la intensidad del color y de la pigmentación de sus hojas aumenta cuanto mayor es la cantidad de luz que reciben. A diferencia de otras especies, las plantas de hojas coloreadas no necesitan tanto pigmento verde en sus hojas al absorber la energía del sol; este hecho explica que sus colores sean más brillantes.

Como la mayoría de las plantas de interior, las de hojas coloreadas no deben ser expuestas a pleno sol, aunque sí podemos cultivarlas en un lugar donde siempre puedan recibir una buena cantidad de luz, que alcance sus hojas de manera indirecta.

Las variedades más resistentes, como el crotón, pueden aguantar la acción directa de los rayos de sol durante las horas de menor intensidad, pero en general este tipo de plantas deben permanecer al abrigo de las corrientes de aire para evitar que se caigan las hojas, que tienen que ser limpiadas de manera

«Debemos proporcionar la luz adecuada, ya que la intensidad del color y de la pigmentación de las hojas aumenta cuanto mayor es la cantidad de luz que reciben»

regular. Asimismo, es conveniente mantener una temperatura cálida y uniforme.

Las plantas de follaje con manchas se diferencian de las anteriores en que, en lugar de colores, poseen unas motas, unos dibujos o unas rayas en la superficie de sus hojas. Suelen combinar muy bien con las de follaje verde y amarillo, y se pueden cultivar en rincones con poca iluminación.

VARIEDADES

La begonia es una de las especies de hoja coloreada más fáciles de cultivar en el interior de una vivienda, porque necesita un clima cálido. Es preferible que se halle en un lugar sombreado y que se riegue de manera frecuente pero moderada, para evitar que se pudra la base de los tallos. Engloba diferentes subespecies, que florecen durante casi todo el año y se distinguen por su tamaño o por el color de las hojas, que pueden asumir coloraciones rojizas en múltiples tonalidades.

La más conocida y llamativa es la *Begonia rex*, también llamada *planta abanico* por la forma que tiene, muy frondosa y vistosa, que suele lucir una variedad de colores y tonos que van del marrón al rojizo.

Además de la begonia, existen otras variedades de plantas de hojas coloreadas, como el caladio, de hojas grandes con distintos tonos de verde y rojo, el cóleo, también llamado *ortiga de fuego* por la forma dentada del borde de sus hojas rojas, verdes y doradas, y el crotón, que destaca por sus hojas de formas y colores variados, que van desde el amarillo y el naranja hasta el rojo y el verde oscuro.

Entre las plantas que tienen manchas en las hojas, destacan la sanseviera, la pilea, en especial la conocida como *hoja de plata*, la diefembaquia y todas las del grupo de las marantas. La sanseviera destaca por sus hojas carnosas con rayas horizontales en su superficie y unos bordes de tonos dorados; la pilea de hoja de plata, por su follaje de forma ovalada y sus manchas plateadas y verdes, y la diefembaquia, por unas grandes hojas de color verde con rayas blancas. Entre las marantas podemos citar la calatea, la cenante y la maranta, que destacan por los dibujos que hay en sus hojas. La calatea tiene unas hojas grandes, que pueden llegar a superar los 20 cm de longitud, con manchas de forma elíptica; el haz es de color verde y el envés tiene un tono púrpura rojizo.

Otra planta de un tamaño similar, alrededor de los 60 cm de altura, es la cenante tricolor, que posee un follaje en forma de lanza y de color crema, con el envés de una tonalidad púrpura. Una especie

muy apreciada por su color es la marante leuconera o tricolor, que posee un característico verde oliva con manchas de tono verde pálido.

Otras plantas fáciles de cultivar y que no requieren una especial atención son todas las incluidas en el grupo de las bromelias.

BROMELIAS

Son plantas perennes que se reproducen a partir de los rebrotes que nacen junto a la base del tallo principal y que pueden llegar a medir un metro de altura. Son muy resistentes y no requieren muchos cuidados; al mismo tiempo, su exotismo les da un toque original a las habitaciones donde se halla. En su hábitat natural, las regiones tropicales de América, las bromelias se desarrollan en las ramas de los árboles debido a la carencia de luz existente en la base de éstos, pero en los países occidentales se consideran plantas de interior.

Además de destacar por sus atractivas hojas de colores, muchas de ellas también resaltan por su espectacular floración: el aspecto más llamativo de las bromelias es la aparición de unas hojas de colores, llamadas *brácteas*, alrededor de las flores.

Se pueden clasificar en epifitas, bromelias que crecen sobre los árboles en su hábitat natural pero que también se pueden cultivar en macetas, y terrestres, las que se desarrollan en la superficie, a condición de que existan unas mínimas condiciones de sol y un sustrato rico en nutrientes.

El caladio requiere mucha luz y un riego regular, y de da mejor en ambientes cálidos y húmedos. Para usar su hojas en arreglos florales, se recomienda previamente mantenerlas en agua durante 24 horas.

Entre las epifitas destaca sobre todo la guzmania, la especie de bromelia más común. Ésta posee hojas lanceoladas de un color verde muy intenso y brillante. Con el crecimiento, que suele ser lento, la punta pasa a ser roja y, en algunos casos, después de un tiempo no inferior a los dos años, puede llegar a tener flores que perderá en tan sólo dos días. Una vez que se ha producido la floración, la planta se marchita y muere.

Otras bromelias epifitas son la tilansia, la vriesia y la billbergia. La tilansia está formada por una roseta de hojas delgadas de color gris, de cuyo interior crece una flor azul que puede alcanzar los 30 cm de altura.

Una especie muy atractiva es la bromelia vriesia, tanto por sus hojas de color verde oscuro con franjas de color púrpura como su elevada espiga, en cuyo extremo hay una flor plana de color rojo.

La billbergia posee un follaje de formas arqueadas y tonos grisáceos, con una flor espigada de color rosa. Tras el periodo de floración, la planta muere.

LA PLANTA DE LA PIÑA

Las bromelias terrestres más conocidas son la ananás o planta de la piña, especie perenne con hojas puntiagudas y flores en sus extremos, de las que surge el fruto de la piña, y el criptanto, también conocido como *flor escondida*, que presenta unas hojas finas y de variados colores, que van desde el verde hasta el púrpura o rosa.

Plantas suculentas

Resistentes a la sequía y a otras duras condiciones ambientales, son las únicas especies capaces de sobrevivir en el desierto o zonas áridas del planeta. El cactus es la más conocida de todas, aunque existen muchas otras especies de suculentas o crasas.

Los colores de la Crassula capitella dan lugar a sorprendentes combinaciones que mezclan los más variados tonos de la escala cromática.

CARACTERÍSTICAS

Las plantas suculentas, también llamadas *plantas crasas*, se caracterizan por acumular agua en el tallo, en las hojas o en las raíces, que les permite aguantar largos periodos de sequía. Estos elementos se vuelven más gruesos para poder almacenar una cantidad de agua mucho mayor que otras especies vegetales. Esta capacidad de adaptación al medio en el que vegetan originalmente, generalmente seco y con fuertes oscilaciones de temperatura, les permite mantener reservas de líquido durante periodos de tiempo prolongados y, en consecuencia, sobrevivir en entornos áridos y secos que son inhabitables para otras plantas.

Además de aumentar su grosor de manera considerable para almacenar agua, las plantas crasas presentan una superficie cubierta de pelillos que retienen el rocío matutino, de manera que son capaces de absorber la escasa humedad presente en el ambiente.

Sus raíces suelen ser muy largas, para que puedan buscar agua a enormes profundidades, aunque algunas de estas plantas también las tienen en la superficie, para captar la escasa humedad ambiental existente en su hábitat natural.

Su increíble y variado mecanismo de adaptación no acaba aquí. Reduce su metabolismo para consumir menos energía, mediante la pérdida de hojas o la reducción del tamaño de éstas; tiene un periodo de floración muy breve, también para ahorrarse un esfuerzo superior al necesario, y posee una piel dura y espinas para protegerse del calor.

A diferencia de otras plantas, abre los estomas u órganos de transpiración de noche, para no perder tanta agua como si tuvieran que absorber oxígeno de día, a pleno sol. Además, sus tallos pueden realizar de manera parcial la fotosíntesis, de modo que ahorran a las hojas un esfuerzo mayor y, en consecuencia, un consumo menor de energía.

La adaptación al medio les permite colonizar entornos áridos o en los que la captación de agua se halla limitada, en los que reciben poca competencia por parte de otras especies vegetales y en los que los herbívoros son escasos.

TIPOS

Podemos dividir las plantas suculentas o crasas en tres tipos: las especies con hojas, con tallos o con raíces crasas. Las del primer tipo manifiestan su suculencia en las hojas, que se vuelven gruesas y adquieren una gran capacidad de almacenar agua; las segundas tienen reservas de líquido en el tallo, que se caracteriza por su grosor y su volumen, y las del último tipo se caracterizan por poseer unas raíces de grueso tamaño, mediante las cuales son capaces de absorber el

EL CULTIVO DEL CACTUS

El ejemplo más común de especie crasa o suculenta es el género de las *Cactáceas*, comúnmente conocidas como *cactus*, aunque existen numerosas especies vegetales crasas que no pertenecen a dicho género, como el ágave o la yuca.

El cultivo de las crasas en general y de los cactus en particular no es demasiado complicado. Pese a ello, existen unas condiciones mínimas necesarias, como garantizar una temperatura ambiental moderadamente elevada, en torno a los 20 °C, sobre todo para las plantas de origen tropical. También requieren un lugar con mucha luz, sin una insolación excesiva; un riego espaciado en el tiempo, para dejar que el sustrato se seque antes de volver a regar, y un sustrato permeable, que facilite una evacuación más o menos rápida del agua sobrante. En ocasiones es conveniente añadir al sustrato una capa de drenaje, consistente en guijarros o arena de río.

Por otro lado, para garantizar la floración de este tipo de vegetales, conviene dejarlos en estado de reposo durante el invierno, reduciendo al mínimo el riego y sin proporcionarle ningún tipo de fertilizante.

En un piso, debemos colocarlas cerca de una ventana, incluso en el alféizar. Aunque podemos cultivar las de grandes dimensiones en los pasillos y otros rincones poco iluminados, lo mejor será que las cambiemos de vez en cuando a un lugar con más luz, para que las hojas marchitas recuperen su verdor. De todos modos, el sitio ideal para cultivarlas es en una terraza o un balcón.

La mayoría de las crasas o suculentas crece bien en invernaderos, donde se dan las condiciones ideales de mucha luz, temperatura cálida y humedad elevada.

agua que hay en el subsuelo, a gran profundidad.

Hay más de ocho mil especies distintas, muchas de ellas con floraciones muy bellas aunque en ocasiones efímeras. Entre las principales familias que desarrollan hojas o tallos crasos podemos destacar las Crasuláceas, las Agaváceas, las Aizoáceas, las Asfodeláceas, las Euforbiáceas, las Portulacáceas y algunas Cactáceas. De todas ellas, estas últimas, es decir, los cactus, son las más típicas y numerosas.

Las Agaváceas son propias de regiones secas de América, especialmente de México. De algunas de ellas se extraen bebidas como el pulque o el mezcal y otras se usan para la producción de fibras. Algunas de las más conocidas son el ágave y la yuca.

Otro grupo de crasas es el de las Aizoáceas, que destacan por su enorme adaptación a la sequía, la ausencia de hojas y unos tallos suculentos.

Las Crasuláceas también son muy conocidas, puesto que pueden desarrollarse en las regiones secas del hemisferio norte y en el sur de África. Estas plantas almacenan agua en sus hojas suculentas, ya que su hábitat lo conforman típicamente zonas secas y calurosas, donde el agua es escasa.

Existen unas mil quinientas especies de apocináceas, la mayoría de ellas originaria de regiones tropicales o subtropicales. De algunas de ellas se extrae la quinina. Las plantas de este tipo más conocidas son la adelfa y la vinca.

CACTUS

Los cactus son la familia más representativa de las plantas suculentas o crasas, puesto que la mayoría de las especies crasas existentes pertenece al género de las *Cactáceas*.

A pesar de que su hábitat natural es el desierto o zonas semiáridas del planeta, también pueden crecer en regiones tropicales, donde se da un clima cálido y relativamente húmedo.

Es muy común el uso como plantas decorativas en jardines de clima templado, generalmente combinados con otras de su misma especie, y es un recurso muy utilizado sobre todo en la xerojardinería, la jardinería adaptada a climas secos. En los interiores de las casas o en invernaderos, se cultivan en maceta, lo que permite disfrutar de ellas durante el invierno en climas fríos.

Las suculentas en general y los cactus en particular precisan un lugar que tenga mucha luz, aunque hay que evitar que estén expuestas al sol de manera directa, lo que puede provocar quemaduras en las especies de cactus más delicadas. El mejor sitio para cultivarlos es en una posición donde disfruten de sol durante una parte del día, ya sea de mañana, ya de tarde. Los cactus grandes toleran más sol que los pequeños, pero incluso éstos deben pasar parte del día en un lugar ligeramente sombreado, sobre todo los más jóvenes.

Debido a que las macetas de plástico oscuro se pueden sobrecalentar con el sol y quemar las raíces de los cactus, lo mejor es cultivarlos en macetas de colores blancos o claros. En caso de no tener otra opción, debemos cubrir la maceta con papel grueso de color blanco.

Hay que tener en cuenta que, si la temperatura baja de los 5 °C, muchas suculentas, sobre todo las que provienen de zonas tropicales, pueden morir. Los cactus son más resistentes que el resto de las crasas porque, en su hábitat natural, las regiones desérticas o semidesérticas, se da un fuerte contraste entre las temperaturas diurnas y nocturnas, que en ocasiones pueden alcanzar algunos grados bajo cero. Pese a ello, debemos vigilar este aspecto relacionado con la temperatura.

TIPOS DE CACTUS

Existen más de dos mil quinientas especies distintas de cactus, que se dividen según la forma de sus tallos y sus hojas, y su entorno natural, en primitivos, chumberas, tropicales, columnares y globulares.
Los cactus primitivos poseen hojas con espinas y generalmente se tratan de arbustos trepadores. Requieren una mayor frecuencia de riego que el resto de las *Cactáceas* y temperaturas no inferiores a los 10 °C.
Las chumberas, por su parte, tienen tallos en forma de cilindro o semiesfera, con espinas muy finas y llenas de pelos. Durante el periodo de floración, sus hojas dan frutos comestibles, como el higo chumbo. Pueden soportar temperaturas muy frías, incluso inferiores a los –10°C.
Los cactus tropicales tienen tallos largos y delgados, y destacan por sus atractivas flores, como la pluma de Santa Teresa o el cactus de Navidad. Para crecer necesitan temperaturas suaves, mucha humedad y un lugar sombreado, protegido del sol.
Los columnares, de tallos en forma de columna, son de crecimiento lento y muy resistentes. Precisan un riego frecuente durante el periodo de floración, que hay que reducir drásticamente cuando empieza el frío.
Los globulares se clasifican según su origen geográfico. Destacan dos grandes grupos: los procedentes de Norte y Centroamérica, de enorme tallo cubierto de espinas, y los de Sudamérica, de tallo reducido y pequeñas flores.

Bonsáis y otras variedades enanas

En el cultivo del bonsái o árbol en miniatura, originario de China y Japón, el arte de la jardinería llega a su máxima expresión. Desde hace años, esta afición se ha convertido en una de las más populares entre los amantes de las plantas.

CARACTERÍSTICAS

La forma japonesa *bonsái* proviene del chino *pun-sai*, que significa «pequeño árbol cultivado en maceta»: un bonsái es la réplica en miniatura de un árbol.

Su cultivo es todo un arte, que requiere de unos cuidados y unas atenciones muy especiales. Se inició en China en el siglo II a. C. y luego se introdujo en Japón, desde donde llegó a Europa Occidental, ya en la Edad Media. Reservado en sus orígenes a los miembros de la nobleza, el cultivo del bonsái se extendió al resto de la población ya bien entrado el siglo XX.

En el arte del bonsái destaca sobre todo la poda, delicada operación que consiste en cortar ramas, brotes y hojas para redondear y formar la copa del árbol. Además de una finalidad estética, tiene como objetivo fortalecer la salud de la planta. Otra técnica muy utilizada para controlar el crecimiento del bonsái es el trasplante del árbol, mediante el cual verificamos el estado de las raíces y aportamos tierra nueva al sustrato.

Otras acciones necesarias y frecuentes son el pinzado y el alambrado. El primero consiste en eliminar el primer par de hojas en especies frondosas o las puntas

Podemos colocar los bonsáis en armonía con otras plantas o agruparlos aislados del resto. Un buen lugar es una esquina protegida de la terraza.

de las yemas. Para esta operación, que repetiremos durante toda la época de crecimiento, utilizamos unas pinzas. Además, con la ayuda de un alambre se puede mejorar el aspecto del árbol o conseguir una determinada forma: es la técnica del alambrado. Podemos colocar los bonsáis en armonía con otras plantas o agruparlos aislados del resto. Un buen lugar es una esquina protegida de la terraza o un rincón del piso. Si los cultivamos en un balcón, deberemos protegerlos de la acción directa del sol o del viento, ya sea cambiándolos de sitio, ya cubriéndolos.

TIPOS

Según el origen geográfico y las condiciones climáticas necesarias para su cultivo, los bonsáis se pueden dividir en especies de interior y de exterior. Los bonsáis de interior son aquellos que proceden de climas cálidos y húmedos, y que, por lo tanto, son apropiados para cultivar dentro de las viviendas, donde generalmente se dan las condiciones ideales para este tipo de plantas de luz, temperatura y humedad.

En todos los casos de bonsáis de interior, hay que tener en cuenta que requieren un periodo de reposo invernal. Los bonsáis de exterior, por el contrario, son originarios de climas templados. Por ello, debemos pensar en tenerlos en espacios exteriores, como una terraza o un balcón. Los bonsáis también se pueden clasificar según el tamaño de sus hojas, grandes y pequeñas, que influyen decisivamente en aspectos relacionados con el cultivo, como el riego.

Si se trata de un bonsái de hoja grande, éste necesita más cantidad de agua que uno de follaje pequeño. Las especies más comunes de bonsáis son el arce, el cedro, la carmona, el espino de coral, el granado, el melocotonero y el pino.

ESTILOS DE BONSÁIS

La reproducción artificial de las condiciones naturales en el cultivo de los árboles enanos ha dado lugar a la aparición de distintos estilos de bonsáis. Aunque hay más de treinta estilos diferentes, los más conocidos son en forma de cascada, bosquete, vertical formal, vertical informal y de raíces sobre piedras. El estilo *kengai* o cascada recuerda a un árbol situado en una fuerte pendiente o al borde de un precipicio. Tenemos que elegir una planta de crecimiento horizontal y, luego, mediante podas y otras modificaciones, iremos consiguiendo la inclinación deseada. La plantación en grupo o bosquete tiene la finalidad de recrear un espacio natural, formado por árboles enanos de distintos tamaños, los más altos en primer término. El estilo vertical formal imita la forma de los árboles que crecen en espacios abiertos, a plena luz, con el tronco recto y uniforme. Por el contrario, el vertical informal se caracteriza por un tronco de forma ligeramente curvada o sinuosa. Uno de los más populares entre los aficionados al bonsái se cultiva de manera similar al anterior, pero procurando dar una pequeña inclinación al tronco. Existe otra manera de cultivar bonsáis, sobre una roca o piedra (*ishi-zuke* en japonés). En este caso, las raíces del árbol rodean la piedra hasta llegar al sustrato, donde echan raíces.

Hierbas aromáticas, medicinales y culinarias

Dar sabor a un guiso de carne con una hoja de laurel, perfumar una habitación con rosas frescas, aliviar un resfriado con eucalipto... Las hierbas tienen múltiples propiedades que se usan desde tiempos inmemoriales.

AROMÁTICAS

Se consideran plantas o hierbas aromáticas aquellas cuyas hojas, al frotarlas, desprenden un olor o aroma muy agradable; en sus hojas y flores almacenan sustancias muy apreciadas, como aceites esenciales. Por ello, las plantas aromáticas se utilizan en la fabricación de colonias, aceites, y otros perfumes y esencias. Además de aportar un olor agradable al aire de las terrazas y de los interiores, como ambientadores de las diferentes habitaciones, en algunos casos actúan como un excelente repelente de insectos. La lavanda ahuyenta las polillas de los armarios, al tiempo que los perfuma, y una naranja con clavos en la corteza repele las moscas de la casa. Existe una gran variedad de plantas aromáticas, aunque las más representativas son el naranjo amargo, el limonero, varios arbustos aromáticos, como el rosal, el mirto, la hierbaluisa, el romero y el espliego, y algunas herbáceas (mejorana, bergamota). En la terraza podemos plantar un limonero o un naranjo amargo, que necesitan mucho sol;

CULTIVAR HIERBAS AROMÁTICAS

El cultivo de las hierbas aromáticas es fácil, pues la mayoría crecen muy bien en jardineras, pero necesitan más agua y nutrientes que si estuvieran plantadas en tierra. Asimismo, requieren un lugar con mucha luz para crecer e incluso permanecer expuestas al sol varias horas al día. Si las cultivamos en interior, tiene que ser en un rincón muy bien iluminado, como el alféizar de una ventana.

de ellos se obtienen esencias y aceites con fines cosméticos. También son una buena alternativa para un espacio así el mirto o la hierbaluisa, arbustos aromáticos que pueden alcanzar entre 2 y 3 metros de altura.

En el interior de un piso nos queda la opción de cultivar plantas herbáceas en pequeñas macetas.

MEDICINALES

Muchas hierbas se utilizan con fines medicinales, aunque es conveniente conocer previamente sus características porque algunas de ellas tienen efectos secundarios. Para que no se echen a perder, debemos guardarlas en un lugar seco, cálido y oscuro.

Las plantas medicinales presentan muchas diferencias entre ellas. Se clasifican, al igual que las aromáticas, en árboles, arbustos y herbáceas. Entre los árboles destacan el eucalipto y el tilo, que necesitarán de mucho espacio para su cultivo, como un jardín o una terraza muy grande.

Las hojas del eucalipto se utilizan en infusiones o vahos para combatir las enfermedades respiratorias, mientras que la tila es muy recomendable por sus efectos calmantes o relajantes, y también para combatir los resfriados. Otra hierba apropiada contra la tos es el saúco, un arbusto de hoja caduca.

Entre las plantas medicinales herbáceas que podemos cultivar en el interior o en una terraza podemos citar el aloe vera, la caléndula, la manzanilla y la melisa. El aloe vera necesita sol y poco riego, y sus hojas se utilizan para casos de quemaduras, dolores musculares y problemas digestivos. La caléndula, de flores amarillas y naranjas, requiere un lugar soleado; sus flores son muy eficaces para aliviar el dolor producido por una contusión o para curar afecciones de la piel.

Una herbácea muy popular es la manzanilla, que generalmente se usa para facilitar la digestión; este tipo de planta medicinal necesita poca agua, hasta el punto de preferir un suelo más bien seco. Otra hierba con propiedades digestivas y sedantes es la melisa, planta que puede alcanzar los 60 cm de altura y que suele colocarse al sol o en un lugar algo sombreado.

CULINARIAS

Habitualmente se usan como condimento para conservar o mejorar el sabor de los guisos, las ensaladas, los postres y otros platos. Son las plantas culinarias. Albahaca, laurel, menta, orégano, perejil, romero, tomillo..., todas ellas forman parte de nuestro recetario tradicional.

Pese a que tienen unas características específicas de desarrollo, el cultivo de las plantas culinarias es relativamente sencillo: conviene colocarlas cerca de la cocina, junto a la ventana, y se pueden plantar en pequeñas macetas.

Como en el caso de las plantas medicinales, las hierbas se deben conservar en un lugar seco, aunque debemos tener en cuenta que sus cualidades duran poco tiempo, por lo que es conveniente usarlas con relativa rapidez.

PLANTA DE ALBAHACA
Es muy habitual su uso en cocina para condimentar ensaladas y elaborar salsas.

Las hierbas más habituales en nuestra cocina son la mayoría de las que acabamos de citar. La albahaca, de hojas ovaladas y flores blancas o rosadas, requiere un sustrato húmedo y mucha luz; sus hojas se emplean en salsas, ensaladas, sopas y platos de pasta.

Además de utilizarse en repostería, licores y salsas, la menta tiene propiedades medicinales y aromáticas; para su crecimiento necesita un suelo siempre húmedo.

Otras hierbas muy populares en nuestros platos son el orégano, el perejil, el romero y el tomillo.

El primero, de hojas ovaladas, precisa de mucho sol para crecer; sus hojas son ideales para aderezar ensaladas, guisos, salsas y sopas. El perejil, de hojas triangulares dentadas, requiere un riego frecuente, y es habitual en el condimento de sopas, salsas y carnes de todo tipo. Otras hierbas que requiere mucho sol y un suelo seco, y que se usan para aromatizar platos de carne o pescado son el romero y el tomillo.

Una nueva planta

3

Cómo seleccionar una nueva planta

Una planta es un ser vivo que necesita cariño para crecer; además, cuando elijamos una, deberemos pensar en el lugar donde la colocaremos, con cuánta frecuencia habrá que regarla y la atención que tendremos que prestarle.

SELECCIONAR DE RAÍZ
Una manera de adquirir la planta es comprarla en bulbo y asistir a su crecimiento.

CRITERIOS QUE DEBEMOS TENER EN CUENTA

A la hora de cultivar cualquier planta de interior, el primer criterio que debemos tener en cuenta es la cantidad de luz que será necesaria para el crecimiento del vegetal. Por lo general, las plantas necesitan estar en un lugar bien iluminado, aunque también pueden desarrollarse en rincones sombreados o en habitaciones con poca o ninguna luz.

La temperatura y la humedad ambiental son otros de los factores que determinan la elección de una planta. Si en nuestro piso hay una temperatura cálida y húmeda, las plantas que elijamos deberán ser originarias de ese tipo de ambiente, quizás de un hábitat propio de regiones de clima tropical o subtropical. Si, por el contrario, nuestra vivienda tiene una temperatura fresca, habrá que pensar en plantas adaptadas a ese tipo de clima.

Otros criterios que debemos considerar son el espacio del que disponemos en nuestro hogar y el tiempo que vamos a dedicar al cuidado del vegetal, así como las características específicas de cada una de las plantas que queremos tener en nuestra casa.

Condiciones ambientales de la vivienda

Luz, temperatura y humedad son los condicionantes básicos que pueden perjudicar o beneficiar al desarrollo de una determinada especie en nuestra vivienda.

Lugares bien iluminados, junto a la ventana o cerca de ella, protegidos de la acción directa del sol sobre las hojas de las plantas, suelen ser lugares apropiados éstas. En cambio, una habitación oscura o en semipenumbra no ofrece tantas posibilidades de éxito. En éste último caso, siempre nos queda el recurso de crear luz artificial para favorecer el crecimiento del vegetal. Una lámpara encendida durante unas horas al día puede bastar para mantener en buenas condiciones una planta.

Una planta colocada sobre un mueble demasiado alto tendrá dificultades a la hora de buscar la luz y seguramente acabará creciendo en dirección a la ventana, con los tallos y las hojas inclinadas hacia abajo. También resultará más afectada por una elevada temperatura que otra que esté en el suelo, ya que el calor tiende a subir.

Deberemos evitar en lo posible que haya corrientes de aire o que la temperatura sea excesivamente fresca o incluso fría, ya que estos factores pueden alterar el desarrollo de la mayoría de los vegetales de interior, por lo general adaptados a un clima cálido y húmedo, con una temperatura bastante constante. Pero si no disponemos de calefacción, entonces tendremos que elegir plantas que puedan aguantar bien temperaturas inferiores a los 20 °C.

Cuidados específicos de cada planta

Cada especie tiene unas necesidades específicas, como una determinada cantidad de agua, mayor o menor intensidad de luz, una temperatura y un ambiente más o menos cálido y húmedo, respectivamente, etc. Los cuidados y atenciones serán mayores o menores según la planta que vayamos a tener. Dependerán, en definitiva, de las características particulares de la especie que queramos cultivar.

Una orquídea seguramente necesitará más tiempo y dedicación que un geranio. Por este motivo, tendremos que informarnos previamente acerca de las características y de las necesidades de la planta.

El riego y la limpieza de las hojas son las actividades que requieren más tiempo, aunque también habrá que abonar el suelo, fumigar sobre la planta para eliminar parásitos, trasplantar alguna especie a la que se le haya quedado pequeña la maceta y podar las hojas secas. Todo depende de la complejidad y de la necesidad de la especie, y de la aptitud y dedicación del jardinero. Para un novato en el mundo de las plantas, quizás será mejor empezar con un ficus, una especie poco exigente en cuanto a cuidados y atención. En cambio, si se trata de un experto con mucho tiempo disponible, puede atreverse con una orquídea o incluso con un bonsái.

Características de la planta

Antes de ponernos manos a la obra, deberemos estudiar qué tipo de planta es la que queremos cultivar y si ésta necesita más o menos luz, ya que existen diferencias en las necesidades lumínicas de cada una de ellas.

Hay algunas que necesitan más luz y se pueden colocar junto a las ventanas y expuestas de manera directa al sol. Por el contrario, otras plantas pueden vivir perfectamente en un rincón, sin luz natural directa. No debemos olvidar que la mayoría de las plantas de interior no toleran la acción directa del sol sobre ellas.

También hay que pensar si se trata de una planta grande o pequeña, ya que ocupará mayor o menor espacio. Si la planta elegida es una palmera kentia, podrá situarse en un espacio destacado de una sala de estar, por ejemplo centrada junto a la pared.

Las plantas necesitan agua para vivir. Este elemento es esencial para la supervivencia de los seres vegetales, pero no podemos olvidar que hay diferencias entre ellos; por ejemplo, un cactus requiere, por lo general, menos agua que un helecho.

Sembrar

Crear vida vegetal en nuestras casas es posible y relativamente fácil. Sembrar semillas es una técnica sencilla y productiva que sirve para obtener nuevas plantas o para reponer las que se han marchitado y secado.

ELEGIR Y PREPARAR LAS SEMILLAS

Resulta mucho más barato y divertido crear nuestro jardín a partir de la plantación de semillas que adquirir las plantas previamente cultivadas en un vivero. Si disponemos de tiempo y nos gusta la jardinería, podemos dedicarnos a crear un jardín en nuestra casa a partir de la siembra de semillas de diversas especies.

Aunque existen varios métodos de multiplicación de las plantas, como el acodo, la división y la toma de esquejes, hay que remarcar que el cultivo de plantas a partir de semillas es el método de reproducción más habitual utilizado en la jardinería.

El proceso de selección de las semillas es básico para que nuestro proyecto finalice con el mayor éxito posible. Si las adquirimos en una tienda especializada, deberemos comprarlas unos pocos días antes de cuando tengamos planeado plantarlas, para que no se estropeen, y sobre todo verificar siempre su fecha de caducidad.

Si vamos a utilizar semillas recolectadas por nosotros mismos, procedentes de anteriores cultivos, es esencial haberlas mantenido limpias y en un lugar seco. Lo más sencillo y efectivo es meterlas en un paquetito de papel (nunca en plástico) y guardar éste en el interior de un tarro de vidrio hermético.

CUÁNDO HAY QUE SEMBRAR

Entre las múltiples plantas que se multiplican por semillas, las más conocidas y utilizadas son los pensamientos, las petunias y las verbenas, todas ellas de desarrollo anual o bianual. La época de siembra depende de la variedad que queramos plantar, pero suele ser en primavera y a principios de verano.

Para las plantas de temporada anuales, se plantan las semillas en primavera para que germinen en verano y otoño. En una zona de clima cálido, donde no hay heladas o son muy débiles, la siembra también puede hacerse en otoño para florecer en la primavera del año siguiente, puesto que pueden aguantar muy bien un invierno suave al aire libre. Algunas de las especies incluidas en este grupo son la salvia, la caléndula y el agerato.

Para las bianuales, que durante el primer año producen tallos y hojas, y florecen en la segunda temporada, la siembra se hace desde mediados de verano hasta finales de otoño, para que florezcan al final del invierno siguiente o en la primavera. Este tipo de plantas aguanta mejor el frío del invierno, incluso temperaturas bajo cero. Podemos sembrar semillas de algunas plantas de temporada bianuales, como el pensamiento, la prímula y el alhelí.

SEMBRAR EN SEMILLEROS

Las semillas se pueden sembrar en semilleros o directamente en macetas. Los semilleros son receptáculos ideales para la siembra de semillas, ya que cuentan con un sistema de drenaje y tienen una adecuada profundidad para el desarrollo de los planteles. Si no necesitamos demasiada extensión de plantel para cultivar las semillas, podemos dividir los semilleros en tiras o celdas, compartimentos que rellenaremos con tierra ligera, suelta y permeable. Cuando hayamos rellenado la bandeja, nivelaremos la tierra con un pequeño rastrillo o pala de madera y distribuiremos las semillas por los diferentes compartimentos. A continuación, cubriremos el semillero con una placa de cristal o un plástico traslúcido y lo colocaremos a resguardo del sol, a una temperatura que oscile entre los 15 y los 20 °C. Para facilitar la germinación, podemos abonar la tierra del semillero con turba enriquecida y algún material poroso. Debido a que la turba se seca con facilidad, tendremos que mantener la humedad con la preparación de un sustrato compuesto de tierra vegetal o compost, que puede ser un mantillo de hojas.

SEMBRAR EN MACETAS

Si, por el contrario, queremos sembrar directamente sobre tierra, en una maceta o jardinera, entonces elegiremos semillas grandes. Éstas suelen dar buenos resultados si se siembran en macetas de manera individual, ya que necesitan espacio para desarrollarse.

Cuando hayamos sembrado las semillas, tendremos que poner un especial cuidado en el mantenimiento de los planteles, sobre todo en lo concerniente a la luz y temperatura necesarias para la germinación de las semillas. Usaremos fungicida previamente a la siembra, para evitar la propagación de enfermedades causadas por los hongos. También trataremos de proporcionar mucha luz natural pero, al mismo tiempo, evitar la luz solar directa, renovar el aire de la sala y controlar que la temperatura no sea demasiado alta. En el caso de que la iluminación sea insuficiente, podemos colocar los semilleros sobre papel de aluminio, para que la luz se refleje de manera indirecta sobre éstos.

Si hemos puesto los planteles junto a una ventana, tendremos que girarlos de vez en cuando, para evitar que crezcan ladeados, en dirección hacia la luz.

Una placa de cristal o un plástico sirven para proteger los semilleros. A diario debemos retirar la cubierta para ventilar la tierra y, sobre todo, procurar que ésta no pierda humedad. Cuando germinen las semillas, quitaremos el cristal y trasladaremos el semillero a un lugar bien iluminado pero sin sol directo.

CREAR LAS CONDICIONES IDEALES DE GERMINACIÓN

A pesar de que algunas semillas son capaces de germinar en cualquier condición, la mayoría tiene unas necesidades específicas, como una temperatura ideal que facilite el proceso de germinación. Para ello, tendremos que habilitar un espacio a modo de invernadero, en el que sea posible suministrar el calor suficiente a las semillas. Podemos colocar las que necesiten más calor directamente sobre una esterilla de multiplicación, que les proporcionará calor de manera directa. En cambio, otras semillas requieren una temperatura menos elevada, por lo que tendremos que situarlas en una bandeja invertida, para que reciban el calor de un modo indirecto. Por último, en un banco de invernadero pondremos las semillas que no precisan demasiado calor para germinar. Para las semillas a las que no les hace falta la luz, podemos disponer un pequeño espacio dentro de un armario, un lugar de la casa cálido que reúne las condiciones térmicas necesarias para la germinación.

Las campanas son un instrumento muy aconsejable para proteger los planteles y semilleros situados en el exterior, por ejemplo en una terraza o en un balcón. Por un lado, los protegen de los excesos de temperatura y del viento, pero también proporcionan una buena defensa ante ciertas amenazas, como los pájaros o los caracoles, que pueden echar a perder una planta en estado embrionario.

En el mercado encontraremos campanas de múltiples tamaños y formas, adaptadas a todo tipo de jardineras, macetas o semilleros. Los precios varían según el material. Hay que tener en cuenta que las de vidrio son las más caras, y las de plástico, las más económicas. Si lo preferimos, podemos fabricar nosotros mismos una campana un poco de alambre y plástico hortícola o, incluso, con una garrafa de plástico.

SEMBRAR EN MACETA PASO A PASO

Si queremos sembrar nosotros mismos las semillas de las plantas que después florecerán en nuestro hogar, sólo necesitamos disponer de una bandeja de compost y un poco de film transparente de cocina.

1 Llenamos un semillero o bandeja de compost hasta el borde, dejando un centímetro entre el sustrato y el final de la maceta. Después, presionamos la tierra con una barra de madera o una regla a fin de compactar el sustrato y evitar la formación de bolsas de aire, y finalmente regamos con la boca de alcachofa de la regadera.

2 Dispersamos las semillas de manera uniforme a lo largo y ancho de todo el recipiente y las cubrimos con una fina capa de abono. Mientras esperamos a que germinen las semillas, deberemos seguir regando, como en el paso 1, siempre que veamos que el sustrato está seco.

3 A continuación, taparemos el semillero. Podemos cubrirlo con una campana de vidrio, con plástico hortícola o con film transparente de cocina. Es recomendable que el semillero permanezca en un lugar luminoso sin temperaturas elevadas. Las pequeñas plántulas estarán listas para ser trasplantadas cuando ya hayan desarrollado dos o tres hojas.

Plantar bulbos, rizomas, tubérculos y esquejes

Una de las actividades más gratificantes de la jardinería es crear nueva vida a partir de la existente. Eso está al alcance de cualquier aficionado a los seres vegetales con la plantación de bulbos, rizomas, tubérculos y esquejes.

BULBOS

Las plantas bulbosas han sido históricamente muy valoradas dentro del mundo de la jardinería por su valor ornamental.

Además de por la variedad de sus colores y tamaños, uno de sus valores más destacados es que pueden florecer durante todo el año. Aunque las familias más conocidas son las que florecen entre la primavera y el verano, no faltan especies que regalan todo su esplendor en otoño e invierno. Entendemos, por norma general, que son bulbosas todas aquellas plantas que en el interior de la maceta esconden un bulbo, un rizoma, un tubérculo o un cormo.

La gran ventaja de plantar bulbos reside en su baja necesidad de tierra, lo que permite la convivencia de varias especies en un mismo tiesto, dando lugar a bonitas composiciones y coloridos.

Para garantizar el éxito de la plantación, debemos ser muy cuidadosos al comprar los bulbos. Primero tenemos que comprobar el estado de salud de los ejemplares, que en ningún caso han de mostrar manchas extrañas, moho ni presencia de pulgones u otras plagas. Palpando los bulbos sabremos si están preparados para soportar la presión que el sustrato ejercerá sobre ellos una vez plantados. También es importante descartar todos los bulbos cuyo plástico de embalaje esté roto o hinchado y escoger siempre los ejemplares de mayor tamaño.

Otro aspecto que debemos tener en cuenta es la preparación del terreno. Es muy importante que el suelo drene bien, que no se encharque. En un suelo con demasiada agua se pudren los bulbos, los cormos, las raíces tuberosas y los rizomas. Los suelos arcillosos, pesados, son los que tienen más riesgos en este sentido. En este caso, podemos añadir arena de río y también algo de materia orgánica, como turba, mantillo de hojas o estiércol. Con una azada o una herramienta similar tendremos que mezclarlo todo con la tierra y labrar bien el terreno donde vayamos a plantar, profundizando en el sustrato entre 20 y 25 cm.

Debemos tener en cuenta que el abonado orgánico en el momento de la plantación ayuda a tener una buena floración y a acumular reservas para la temporada siguiente.

La materia orgánica tiene múltiples beneficios para la tierra: la esponja, la airea, aporta nutrientes (nitrógeno, fósforo, potasio, etc.), favorece la vida microbiana del suelo, da vida, etc.

La distancia entre los bulbos al plantarlos depende de la especie, aunque generalmente oscila entre 5 y 20 cm. Los bulbos grandes se deben plantar a unos 12 cm de separación, mientras que los pequeños solamente necesitan entre 8 y 10 cm. Los jacintos y los narcisos se plantarán con una separación de 10 a 15 cm, mientras que las begonias necesitarán solo de 2 a 4 cm.

La profundidad a la que hay que colocar los bulbos también es muy importante. Varía según las especies pero, como norma general, la parte superior del bulbo debe estar cubierta por una capa de tierra de espesor igual a lo que mida el bulbo en altura, o lo que es lo mismo, la base del bulbo tiene que quedar a una profundidad que sea el doble del tamaño de dicho bulbo.

SEMBRAR BULBOS PASO A PASO

1 Es muy importante elegir bien el tiesto para la siembra de bulbos. Lo principal es su profundidad, con un mínimo de 20 a 25 cm. Una vez que hayamos comprobado el correcto drenaje de la maceta, incorporamos un sustrato especial para el crecimiento de bulbos y colocamos entre la tierra los de mayor tamaño.

2 Sobre el sustrato anterior, creamos una nueva capa de tierra y hundimos en ella los bulbos de menor tamaño. A continuación, echamos el resto del sustrato sobre los bulbos hasta llegar al borde del recipiente.

3 Mullimos la tierra con los dedos. Éste es el momento de colocar, si lo deseamos, algún elemento decorativo sobre la tierra, como guijarros o gravilla, que «vista» la superficie.

4 Regamos generosamente la tierra hasta que esté toda empapada, aunque sin llegar al extremo de encharcarla. En cualquier caso, si hemos realizado un buen drenaje, éste nos garantizará la evacuación del exceso de agua.

En cuanto a la época de siembra, los bulbos de floración primaveral, como los tulipanes, los narcisos y los jacintos, se siembran en otoño, mientras que los bulbos que florecen en verano, como las dalias, los gladiolos y las begonias, debemos plantarlos en primavera.

RIZOMAS

Los rizomas son tallos de crecimiento horizontal que están a ras de tierra o ligeramente enterrados. Almacenan reservas y de ellos salen las raíces que se adentran en el subsuelo y los brotes que crecen hacia fuera hasta formar los tallos de la planta. Tienen rizomas la caña de las Indias, el culantrillo y el lirio.

La mejor época para plantar rizomas es a principios de la primavera. Hay que desenterrar los ya existentes y cortarlos en trozos, de manera que cada uno de ellos tenga un brote con hojas. A continuación, tenemos que plantar cada fragmento en una maceta individual. Los podemos plantar de manera inmediata o dejarlos en un lugar sombreado durante algunos días, tras aplicarles fungicida.

TUBÉRCULOS

Los tubérculos o raíces tuberosas son un tipo de raíces engrosadas que se caracterizan por acumular sustancias de reserva. De éstas pueden brotar tallos que dan lugar a un nuevo vegetal. Se forman como un racimo desde la corona o base de la planta, desde donde surgen los tallos del nuevo vegetal.

Ejemplos de plantas con raíces tuberosas son la dalia, la clivia y el ranúnculo.

Tenemos que esperar al final del verano, cuando la planta esté seca, para dejar de regar la maceta hasta la primavera siguiente o desenterrar las raíces tuberosas y limpiarlas a fondo. Una vez eliminada la tierra, hay que envolver los tallos secos en papel de periódico, y guardarlos en un lugar fresco y seco durante todo el invierno.

Con la llegada de la primavera los volvemos a plantar.

En el caso de raíces tuberosas, la multiplicación se realiza cortando en trozos el tubérculo.

ESQUEJES

Si las semillas no nos proporcionan un buen resultado, la propagación por esquejes es una buena opción para conseguir más ejemplares de las plantas que ya tenemos. Se trata de una de las formas de multiplicación más conocidas y es la que se utiliza con el geranio, una de las plantas más habituales en nuestros balcones y terrazas.

El secreto de una reproducción satisfactoria parte de la elección de un ejemplar sano, que no haya sufrido enfermedades ni el ataque de plagas, así como el uso de un sistema de corte afilado y esterilizado, que bien puede ser un cuchillo o unas tijeras. Al seccionar la planta es muy importante que no practiquemos un corte serrado, pues el esqueje puede pudrirse.

El procedimiento se puede llevar a cabo a lo largo de toda la temporada de crecimiento, excepto en el caso de algunos cactus y plantas suculentas que requieren ser esquejadas en septiembre.

A partir de ahí no tardarán más de dos o tres semanas en echar raíces, momento en que deberán trasplantarse a otra maceta.

ESQUEJE DEL GERANIO

Ejemplo característico del esqueje de tallo, el esqueje del geranio es uno de los que se practican con más frecuencia. Se toman los esquejes a finales de invierno y éstos deben tener una longitud de unas cuatro o cinco hojas.
Deberemos cortar los esquejes justo por debajo del nudo y, con cuidado, quitaremos las hojas de la parte del tallo que será enterrada. En el otro extremo, que quedará en el aire, dejaremos dos o tres hojas. A continuación, plantaremos el esqueje en una maceta sobre tierra permeable, suelta y algo húmeda. Regaremos la tierra y colocaremos la maceta en un lugar bien iluminado pero no soleado, protegido de las corrientes de aire.
Al mes, el esqueje habrá echado raíces y podremos trasplantarlo a una maceta de mayor tamaño, que situaremos en un lugar soleado.

MÉTODOS DE ESQUEJE

Hay dos tipos de esquejes de plantas de interior y de terraza: el esqueje de tallo y el esqueje de hoja. El esqueje de tallo es el método más popular de multiplicación vegetativa.

La principal preocupación consiste en suministrar a la nueva planta todos los nutrientes y condiciones ambientales ideales, pues se halla absolutamente separada de la planta madre.

El éxito de la multiplicación por esquejes de tallo depende enteramente de la capacidad de enraizamiento de los mismos.

La facultad de emitir raíces puede fluctuar con las estaciones en función de las propiedades del tallo, es decir, de si éste es tierno o leñoso, etc.

Los esquejes de tallo se clasifican en cinco tipos: aplicables o de tallo tierno, semiherbáceos o de tallo foliar, herbáceos o culinares, semileñosos y leñosos, y de acuerdo con el lugar de corte, se pueden denominar esqueje nodal, esqueje internodal, esqueje de yema axilar, esqueje con talón y esqueje de estacas con yemas.

Tenemos otra manera de multiplicar la planta, a través del esqueje de hoja. Podemos hacerlo de varias maneras, según la especie. En una begonia dividimos la hoja en partes de forma cuadrada o triangular, de manera que el paso del nervio coincida con alguno de los ángulos de las distintas porciones.

Seguidamente, metemos los trozos en tierra.

PLANTAS ESQUEJES PASO A PASO

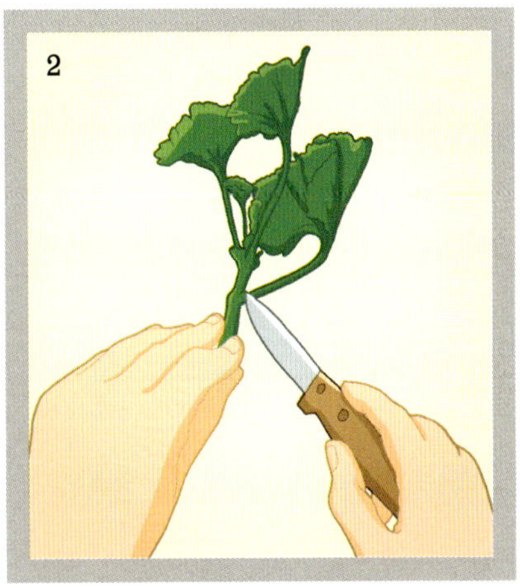

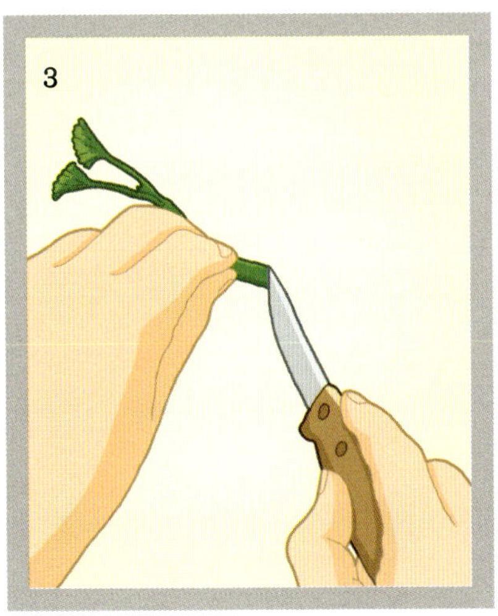

1 Con un cuchillo o tijeras afiladas realizamos un corte recto en el tallo, por debajo de la tercera hoja contando desde arriba.

2 Hacemos una incisión en la base del esqueje, justo por debajo de la unión de la hoja inferior, y rebozamos la nueva base en polvos para enraizar.

3 Eliminamos todas las hojas, salvo las dos superiores, a fin de disminuir al máximo la pérdida de agua, y seguidamente despuntamos los capullos.

4 Con un plantador, cavamos el agujero donde echará raíces el esqueje y colocamos el nuevo tiesto en una zona de media sombra o de luz sin sol. Durante las semanas que permanezca ahí, no regaremos desde arriba, sino colocando un plato de depósito desde donde la planta pueda ir adquiriendo los nutrientes progresivamente.

Dividir la mata

Mediante este procedimiento se obtienen nuevas plantas a partir de una ya existente. Es un método de multiplicación menos laborioso que la reproducción con semillas, ya que estas plantas suelen tener algo de raíz y es más fácil que arraiguen.

El crisantemo se propapaga por esquejes y división de mata a finales de primavera.

PLANTAS DE FLOR

Cuando una planta de flor lleva tres o cuatro años en la misma maceta, es conveniente dividir la mata para que ésta se regenere y tenga unas floraciones más vigorosas. La mejor época para hacer esta operación es a principios de otoño y mediados de primavera.

Previamente, hay que comprobar que la tierra esté húmeda. A continuación, tenemos que proceder a desarraigar la planta, con una azada o una pala, sacudir la tierra de la mata de tallos y hojas, y formar conjuntos de hojas con raíces, que plantaremos y regaremos con abundante agua.

La división de mata resulta muy apropiada para las plantas de flor perennes, especialmente cuando ya han arraigado y están bien asentadas en el sustrato. Podemos usar este procedimiento de reproducción en crisantemos, geranios y hortensias, por ejemplo.

Si queremos reproducir un crisantemo de esta manera, tenemos que levantar la mata de crisantemo y separar cada tallo con sus raíces mediante un corte efectuado con una navaja o tijera.

Los brotes enraizados se plantan en macetas individualmente o en grupos. El sustrato será de tierra y una mezcla formada por limo y turba, en partes iguales.

DIVISIÓN POR RIZOMAS

Algunas especies, como los lirios, pueden multiplicarse a partir de la división de sus tallos subterráneos o rizomas. Esta operación es bastante sencilla y generalmente se lleva a cabo en verano, cuando la planta se halla en su periodo de mayor crecimiento.
Tenemos que desenterrar los rizomas y luego cortarlos de manera que cada uno de ellos tenga un brote con hojas. Entonces hay que volver a plantarlos de manera separada, de modo que el rizoma quede ligeramente enterrado. Por último, recortaremos las hojas y regaremos la tierra.

Para reproducir una hortensia, tendremos que sacar el cepellón de la maceta original y, con una herramienta que no esté excesivamente afilada, dividirlo en dos mitades. Cuando tengamos preparadas las macetas con una tierra lo suficientemente húmeda, plantaremos las dos mitades por separado.

OTRAS PLANTAS DE INTERIOR

Algunas especies de helechos, así como las marantas y las calateas, pueden multiplicarse mediante la división de mata. El procedimiento es semejante al de las plantas de flor y el mejor momento para llevarlo a cabo es la primavera, cuando la planta se halla en fase de crecimiento. Antes de proceder a dividir la mata, debemos comprobar que el cepellón esté suficientemente húmedo y procurar que las macetas donde vayamos a plantar tengan un buen sistema de drenaje. Cuando hayamos plantado la mata, apretaremos bien la tierra de alrededor y regaremos bien la superficie o dejaremos la maceta sobre un recipiente lleno de agua. Por último, colocaremos la maceta en un lugar bien iluminado y de temperatura templada.

En el caso de los helechos, para obtener nuevos ejemplares de la mayoría de las plantas de esta especie, tenemos que dividir cuidadosamente la mata entera en dos mitades, que luego plantaremos en macetas separadas y trataremos de manera individual.

DIVIDIR LA MATA DE LAS PEONÍAS

La peonía es una bonita planta vivaz de flor originaria de China, pero que se ha adaptado muy bien al clima mediterráneo. Estas plantas son muy resistentes y longevas; de hecho, pueden vivir entre veinticinco y cincuenta años en el mismo lugar. Por ello es muy recomendable elegir con cuidado su ubicación para no tener que trasplantarlas.
Si queremos reproducirlas sin tener que recurrir al trasplante, la forma más sencilla es a través de la división de la mata. Es una operación muy fácil de realizar que consiste en dividir la mata en dos o tres partes, según su grosor. Solo hace falta una navaja bien afilada y mucho cuidado para no dañar las raíces. Se realiza en verano cuando la planta se encuentra en periodo de reposo.

Adquirir la planta

Elegir bien una planta es todo un arte, tanto o más importante que su cultivo posterior. Hay que tener en cuenta cómo es la planta, dónde la vamos a colocar y cómo la vamos a cuidar.

¿QUÉ DEBEMOS TENER EN CUENTA?

En el momento de comprar una planta debemos tener en cuenta una serie de aspectos, relacionados tanto con las características de la misma como con el espacio disponible, el lugar y el ambiente en el que la pensamos cultivar, y si pensamos dedicarle mayor o menor atención y cuidados. No es lo mismo cultivar una orquídea que un geranio, ya que en general necesitará bastante más dedicación la primera.

También tenemos que valorar si ésta tendrá una finalidad únicamente decorativa y temporal o, por el contrario, queremos que permanezca entre nosotros el mayor tiempo posible.

Cuando entremos en un vivero o un comercio de plantas, nos tenemos que fijar en si tienen plantas de interior o especies que podamos cultivar en balcones y terrazas, puesto que en un principio pensamos tenerlas en nuestro piso. Antes de decidirnos por algún ejemplar, comprobaremos el estado en que se halla y si las hojas presentan un buen aspecto.

CARACTERÍSTICAS DE LAS PLANTAS

Para elegir correctamente una planta tendremos que observar el estado en que se hallan las diferentes partes de ésta: raíces, tallos, hojas y flores.

Las raíces son una parte fundamental en el desarrollo de una planta. Por ello, si presenta una raíz desnuda sin tierra que la cubra o proteja, o sus raíces son escasas, tendrá más dificultades que otra para arraigar y crecer bien. Si observamos que las raíces sobresalen por alguno de los agujeros

«Al adquirir una o varias especies deberemos contemplar el espacio de que disponemos, la estructura del piso y las condiciones ambientales que se dan en éste»

de drenaje de la maceta, significará que le faltan nutrientes a la planta o que ésta lleva demasiado tiempo en el mismo recipiente.

Cuando elijamos una planta también nos tenemos que fijar en el tallo. Éste tiene que estar bien formado y debe tener una corteza tersa.

Otro aspecto importante en la elección de una planta, quizás el más fácil de apreciar, son las hojas, que generalmente tienen que ser abundantes y vigorosas. Si vemos una planta con poco follaje o con hojas de un color pálido, lo mejor que podemos hacer es descartarla y buscar otra que esté en buenas condiciones.

En el caso de las plantas de flor, nos tendremos que fijar en las que tengan mayor cantidad de capullos a punto de florecer. Una planta con la mayoría de las flores abiertas no es una buena elección.

Además de tener en cuenta las características de la planta, a la hora de adquirir una o varias especies deberemos contemplar el espacio de que disponemos, la estructura del piso y las condiciones ambientales que se dan en éste.

En una vivienda orientada al sur irán bien plantas adaptadas a un clima cálido y seco, como la mayoría de los cactus. Si pensamos colocar plantas en un pasillo o en el recibidor, habrá que pensar en especies que no necesiten tanta luz para crecer, una kentia o una sanseviera. Para un cuarto de baño son ideales los helechos, puesto que requieren un ambiente cálido y húmedo, y para la cocina no hay nada mejor que una plantita de menta o cualquier hierba aromática.

ELEGIR PLANTAS PARA UN PISO

Si vivimos en una casa con poca luz tendremos menos opciones de éxito que si nuestro piso está muy bien iluminado, pero no por ello debemos desanimarnos, ya que hay muchas especies que pueden crecer bien en lugares con poca luz, como el helecho, la sanseviera, la aspidistra o la costilla de Adán.

En cambio, si el lugar donde pensamos colocar las plantas es muy cálido y soleado, tenemos que pensar en un tipo de planta que aguante bien el calor y la sequedad ambiental. Para un ambiente con una temperatura entre 15 y 20° C, lo ideal es tener drácenas, bromelias, orquídeas o ficus, todas ellas de origen tropical o subtropical y, por lo tanto, adaptadas a un clima cálido. Aunque para evitar una sequedad excesiva, perjudicial para la mayoría de las plantas de interior, habrá que humidificar el ambiente de vez en cuando.

Trasplantar plantas adultas

Trasladamos una planta de un lugar a otro para que ésta tenga mayores oportunidades de supervivencia. Actividad básica en la jardinería, el trasplante se puede realizar de diversas maneras, según la planta y las condiciones ambientales.

Si trasplantamos una especie que se hallaba en una maceta, aislada, a una jardinera, junto a otras plantas, hay que mantener una distancia entre éstas.

CÓMO, CUÁNDO Y POR QUÉ TRASPLANTAR

Las razones que nos impulsan a realizar un trasplante son varias, aunque en general se trata de mejorar las condiciones ambientales de una planta o de que ésta disponga de más espacio para desarrollarse.

Una vez nos hayamos decidido a trasplantar, debemos tener en cuenta el tamaño del ejemplar, puesto que las plantas grandes tienen más dificultades a la hora de arraigar que las pequeñas. También debemos estudiar si la planta en cuestión aguanta mejor o peor un trasplante. En general, un ficus soporta bien el traslado de una maceta a otra.

Otras consideraciones que debemos tener en cuenta son: regar la planta que queremos trasplantar para humedecer la tierra, preparar el terreno que recibirá la planta de manera cuidadosa, removiendo y abonando la tierra, y tras el trasplante, regar en abundancia el sustrato.

Los trasplantes siempre se deben hacer cuando la planta esté en reposo, o sea, en otoño o en invierno. Llevarlos a cabo en primavera o en verano supone dejar al vegetal sin apenas raíces, en un momento en el que las hojas y las flores están pidiendo mucha agua. Otoño es una buena época para trasplantar, especialmente a finales, pero no en las regiones de clima mediterráneo, donde los otoños son cálidos y las plantas siguen creciendo.

Si queremos trasplantar especies de exteriores, debemos evitar los momentos de más frío y, sobre todo, descartar cualquier trasplante cuando se dan temperaturas inferiores a los 0 °C. A veces, tenemos la necesidad urgente de trasladar una planta de lugar sin posibilidad de esperar al invierno. En este caso los riesgos de fracaso aumentan y es preciso esmerarse mucho más en la operación, empezando por extraer la planta con un cepellón de tierra más grande.

Si trasplantamos una especie que se hallaba en una maceta, aislada, a una jardinera, junto a otras plantas, hay que mantener una distancia entre éstas. Si plantamos todo muy apretado, corremos el riesgo de que los diferentes ejemplares no crezcan bien, debido a la competencia que se produce entre ellos por el espacio, la luz, el agua y los nutrientes del suelo. Es conveniente separarlos para que puedan desarrollarse adecuadamente.

En el caso de querer trasplantar especies procedentes del semillero, la operación debe ser realizada con extremo cuidado, ya que la planta se halla en plena fase de crecimiento. Hay que tener en cuenta que no todas las plantas sobreviven al trasplante y que hay especies que resisten mejor que otras un cambio de estas características.

MÉTODOS DE TRASPLANTE

Existen varias maneras de trasplantar plantas adultas, pero las más conocidas son el trasplante a raíz desnuda y el trasplante con cepellón.

Una planta a raíz desnuda es aquella que tiene las raíces al aire libre, despojadas de tierra. Por este motivo, el trasplante a raíz desnuda es especialmente delicado y debe realizarse en un espacio de tiempo no demasiado prolongado, para mantener la humedad de las raíces y evitar que se sequen demasiado pronto.

El cepellón es el conjunto de las raíces y la tierra por el cual la planta queda enraizada. Mediante el trasplante con cepellón se conserva perfectamente y, además, permite un buen trasplantado. Este sistema se ha generalizado en detrimento del trasplante a raíz desnuda, porque las raíces sufren menos a la hora de trasplantarlas y se reducen las posibilidades de que una planta se muera durante la operación. Este tipo de trasplante es similar al del trasplante a raíz desnuda, aunque no es tan delicado.

Es relativamente sencillo, ya que solamente hace falta disponer de un espacio similar al del cepellón, como una maceta de un tamaño equivalente.

Las especies trasplantadas con cepellón no requieren ser regadas de manera inmediata, pero tampoco es conveniente dejar pasar mucho tiempo antes de echarles agua, puesto que la humedad retenida en él es limitada. Una vez hayamos colocado y regado abundantemente el cepellón en su nueva ubicación, tendremos que cubrir el sustrato embarrado con tierra suelta, para impedir que se evapore demasiado pronto el agua y se reseque el sustrato, ya que puede formarse una costra de tierra endurecida.

TRANSPLANTAR PASO A PASO

1 Para garantizar que la tierra quede bien compactada, es recomendable poner las plantas en remojo dentro de un cubo durante unos quince minutos.

2 Mientras tanto, podemos ir preparando la maceta. Para ello montaremos un drenaje adecuado y mezclaremos el sustrato con el abono que requiera cada ejemplar.

3 A continuación, colocamos las diferentes plantas, de forma que el diseño quede equilibrado. Sacamos las plantas de sus macetas originales, golpeándolas ligeramente contra una mesa o contra el suelo, pero nunca tirando de los tallos, pues podemos romperlos.

4 Colocamos la planta en su ubicación definitiva, y presionamos el sustrato para compactar la tierra y asegurar su estabilidad. Por último, regamos la planta generosamente.

TIPOS DE PLANTAS

Las plantas de semillero más baratas son las plántulas o plantas en bandeja, pero tenemos que considerar que su trasplante es más elaborado que otros. Tras su adquisición se deben colocar en bandejas de mayor tamaño o macetas individuales, en las que son cultivadas durante varias semanas. Es imprescindible contar con buena luz, un lugar de resguardo para las heladas y un gran número de tiestos.

Las plantas de bandeja son las hermanas mayores de las plántulas. También las encontraremos en los viveros, y su trasplante es prácticamente igual de delicado que el de las plántulas, aunque están algo más desarrolladas.

Otro tipo son las plantas con cepellón, más fuertes y con un tamaño mayor que el de las plantas de semillero. Disponen de su propio cepellón y se cultivan en bandejas con mantillo, pero en celdas individuales, por lo que, aunque también deben cultivarse antes de ser trasplantadas a su ubicación definitiva, el proceso es más sencillo.

La opción más cara de todas, porque cada planta ha crecido en un recipiente individual y ha llegado a completar su proceso de maduración, es la planta en maceta. Aunque puede ser que necesite algún aporte nutritivo extra durante el proceso, su trasplante es el más sencillo de todos.

PLANTAR UN ROSAL

Para especies como los rosales o los arbustos, el procedimiento es fundamentalmente el mismo que hemos descrito en el apartado generalista, aunque es importante saber que el recipiente debe tener un mínimo de 35 cm de ancho y 40 cm de profundidad. Como su trasplante se realiza en pleno verano, es aconsejable colocar el ejemplar recién trasplantado en una zona de media sombra durante los primeros diez días, para que arraigue mejor. Si además queremos facilitar su regeneración, le tendremos que cortar las flores y los capullos.

TRASPLANTE DE UN FICUS A UNA MACETA MAYOR

Cuando consideremos oportuno realizar un cambio de maceta o jardinera para favorecer el desarrollo vegetativo del ficus, sólo necesitaremos disponer de una nueva maceta, de un tamaño algo mayor que la anterior, y un saco de sustrato específico para plantas de interior, aunque el ficus también puede responder muy bien con tierra para plantas de exterior. De todas maneras, dentro de una vivienda es recomendable el primero, ya que con éste evitamos la frecuencia de los riegos.

Es mejor proceder al trasplante de maceta a finales del invierno o al comienzo de la primavera. Por lo general, el ficus agradecerá tierra nueva cuando comience a echar nuevas hojas y a emitir nuevas raíces. En consecuencia, marzo y abril suelen ser los mejores meses para llevar a cabo el trasplante.

Antes de empezar a trasplantar un ficus, debemos tener en cuenta una serie de normas, como la referente al tamaño de la nueva maceta. Ésta no tiene que ser excesivamente mayor que la anterior y debe tener los agujeros de drenaje descubiertos.

Ahora ya podemos empezar. Primero cogemos la nueva maceta y le introducimos una pequeña capa del nuevo sustrato. Esta capa debe tener un espesor de tal forma que, al colocar el ficus dentro, el nuevo nivel de la superficie del sustrato en la nueva maceta sea igual al que tenía en la anterior. El ficus no debe estar más enterrado que antes y, en caso de estarlo, 2 o 3 cm como máximo.

Cuando ya esté puesta la base del nuevo sustrato, colocamos el ficus en el medio, ya sin su maceta anterior, que debemos retirar con cuidado para no dañar las raíces. Centrado el cepellón en la nueva maceta, incorporamos el sustrato por los lados de forma uniforme, ayudándonos con las manos si es necesario para que éste penetre entre las paredes del cepellón y las de la nueva maceta. Debemos evitar en lo posible meter más cantidad de sustrato de la necesaria, ya que debe quedar más bien esponjoso para que las raíces tengan suficiente humedad y aire.

Tras el trasplante, procederemos al riego para que todo el sustrato se humedezca por igual. Si tras varios riegos apreciamos que el nivel del nuevo sustrato ha bajado ligeramente, podemos añadir un poco más. Pasados unos treinta días, empezaremos a abonar la tierra con fertilizantes.

Cuidados

4

Preparar el terreno

En una planta de interior el recipiente cumple la misma función que el entorno en las plantas de exterior. Prepararlo correctamente supone dotar a la planta de un medio ambiente ideal que le proporcione todas las condiciones necesarias para un crecimiento saludable.

DÓNDE COLOCAR LA PLANTA

Si bien, desde la poca luz que precisan los helechos hasta los ambientes muy soleados que resisten los cactus, hay plantas para todo tipo de condiciones, al escoger la orientación conviene tener en cuenta:

1. Orientación sur: sol directo todo el día; ideal para plantas que requieren de mucha luz, aunque conviene igualmente filtrar ésta con cortinas en verano.
2. Orientación este: sol directo por las mañanas y luz indirecta el resto del día; es la más recomendable para la mayoría de plantas.
3. Orientación oeste: sol directo por la tarde y luz indirecta por la mañana, con intensidad mayor que en la orientación este; ideal para plantas que toleran un par de horas de sol al día.
4. Orientación norte: sol indirecto en verano, pero poca luz en invierno; ideal para plantas que requieren poca luz, pero el resto deberá trasladarse a un lugar más iluminado en invierno.

Gracias a la jardinería en recipientes podemos crear artificialmente el entorno que resulte óptimo para nuestras plantas, y, lo que es más importante, controlar sus variaciones.

El recipiente debe garantizar que la exposición de la planta a los principios que la han de nutrir es la correcta, tanto por sus características físicas, que determinan el modo de conservar la humedad y el tipo de drenaje, como por su continente, es decir, la clase de tierra que elijamos y los nutrientes que podamos añadir en forma de abono.

En esta fase de preparar el terreno debemos atender igualmente a la luz, la humedad y la temperatura del lugar donde vamos a colocar el recipiente. Así, por ejemplo, procuraremos en invierno no situar nuestras plantas cerca de fuentes de calor, como radiadores, estufas o chimeneas, pues el calor seca el aire, mientras que en verano las mantendremos alejadas del aire acondicionado, que también las perjudica.

Todas las variables citadas, de crucial importancia, pueden ser alteradas si es preciso con una simple acción: moviendo el recipiente al lugar más adecuado para evitar, por ejemplo, las corrientes de aire tanto frías como calientes, o una exposición demasiado directa a los rayos de sol, muy perjudicial para el follaje de la mayoría de las plantas de interior. Eso sí, cuando realicemos un cambio de ubicación, éste no ha de ser brusco, porque las plantas se acaban acostumbrando a la luz que reciben, de modo que un cambio radical de su entorno podría resultar fatal.

EL EQUIPO BÁSICO

Guantes
Para proteger nuestras manos tanto de cortes y arañazos, como de la suciedad inevitable en los trabajos de jardinería, los guantes de jardinería son el primer útil que necesitaremos en el cuidado de nuestras plantas.

Regadera
Es la manera más común de riego doméstico. conviene que sea de boca larga y fina, para evitar mojar el suelo concentrando el chorro, pero eviutando que éste sea fuerte, y de capacidad de unos 5 litros.

Podadera
La podadera, de corte curvo, es adecuada para plantas pequeñas o arbustos de rama débil. Debe ser fácil de agarrar. Para ello es ideal el mango de plástico moldeado, que además se limpia fácilmente.

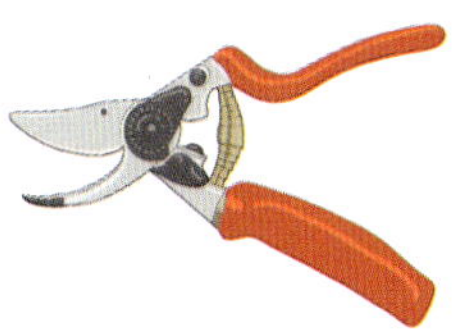

Tijeras
Para trabajos con flores y pequeñas plantas o que requieran de mayor precisión es necesario el uso de tijeras, que deberemos mantener siempre bien afiladas y sin óxido.

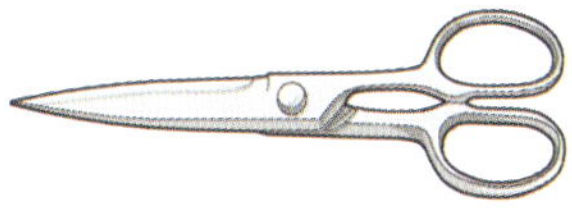

Paletas
La pala de lámina estrecha es la más adecuada para plantar y trasplantar cuando el recipiente es de dimensiones reducidas o conviven en él varias plantas. Para determinados trabajos, como la plantación de bulbos y plantas de vivero, convendrá disponer de una pala de lámina ancha para cavar buenos hoyos.

Pulverizador
Con el pulverizador manual de agua mantendremos húmedo y brillante el follaje de nuestras plantas. Debe ser regulable y manejable, con una capacidad no superior al litro.

Horca de mano
Es la versión en pequeña escala de la horca, y su uso va desde el cambio de maceta, hasta el rastrillado de la primera capa de sustrato, pasando por la eliminación de malas hierbas o el esponjado de la tierra apelmazada.

Pincel
Lo utilizaremos para limpiar en seco el polvo las hojas pilosas de plantas suculentas, o las hojas y flores de plantas muy delicadas.

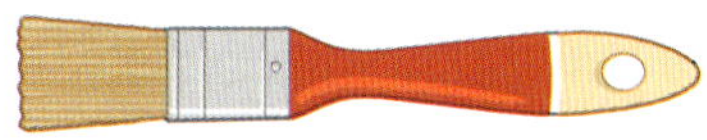

Paño absorbente
Para limpiar las hojas, al tiempo que les proporcionamos humedad, utilizaremos un paño absorbente humedecido.

Cascotes de tiestos rotos
Es muy recomendable conservar siempre los cascotes de tiestos rotos pues nos ahorrarán el gasto en material de drenaje.

Si tenemos muy pocas plantas que cuidar, el uso de la imaginación puede ahorrarnos la compra de herramientas específicas. Por ejemplo, podemos emplear un tenedor en lugar de una horca de mano, una cuchara puede hacer las veces de pala, un cuchillo o un lápiz sirven como plantador, y unas tijeras de cocina pueden cumplir la función de podadera.Conforme avancemos en nuestra afición por la jardinería, podremos contemplar la compra de otros utensilios vinculados a la realización de tareas más concretas.

El sustrato ideal

El sustrato que coloquemos en el recipiente va a proporcionar a la planta el medio ambiente ideal para su desarrollo, pues además de servirle de soporte, permitiendo el anclaje de sus raíces, garantizará el suministro agua y nutrientes esenciales, y será el medio que le permita conservar el punto exacto de humedad.

SUELOS Y SUSTRATOS

El suelo que preparamos para las plantas se denomina sustrato. La diferencia básica entre sustrato y suelo es la elevada porosidad del primero, debida a su menor proporción de fase sólida con respecto al suelo. La segunda diferencia notable es el distinto contenido de materia orgánica: mientras que en un suelo común la fracción mineral es la mayoritaria y la materia orgánica oscila entre un 1 y un 3 por ciento, en el sustrato la materia orgánica puede llegar hasta un 95 por ciento.

El sustrato es el responsable de cumplir cuatro funciones vitales para las plantas.

En primer lugar es el medio que proporciona anclaje y soporte a la planta. Esta función, en principio obvia, no debe desatenderse a la hora de escoger el recipiente, previendo que quepa en él el suficiente sustrato para garantizar el sostén de plantas pesadas y de rápido crecimiento.

Más allá de esta función de sostén, el sustrato tiene otras tres misiones que deben ser controladas por el cuidador. La segunda es retener la humedad de modo que esté disponible para la planta. Al respecto, más adelante veremos la importancia de no confundir entre el agua que es capaz de retener

un sustrato y la cantidad de agua retenida disponible para la planta. La tercera función, igualmente fundamental para mantener el buen crecimiento, es facilitar la aireación y porosidad del medio, es decir, permitir el intercambio de gases entre las raíces y la atmósfera. Por último, el sustrato es el depósito donde se almacenan los nutrientes que necesita la planta para vivir.

Estas tres funciones las debe cumplir el sustrato de manera equilibrada. De nada sirve que sea excelente en un aspecto si descuida otro. Un sustrato perfectamente fertilizado y provisto de muchos nutrientes, por ejemplo, pero sea pesado y demasiado denso de manera que no deje penetrar el agua y el aire, será perjudicial para nuestra plantas.

CARACTERÍSTICAS DE UN BUEN SUSTRATO

Los sustratos son, como queda dicho, mezclas de distintos componentes adecuadas a cada grupo de plantas o tipo de cultivo.

Así pues, en principio, un sustrato será o no será óptimo no por sus cualidades intrínsecas, sino eventualmente en función del uso que vayamos a darle.

Para decidir su grado de adecuación a la planta a la que vaya destinado conviene que tengamos idea de cuáles son las variables importantes que se controlan en un sustrato. Este conocimiento no es sencillo, pues se manejan características físicas, químicas y biológicas, de tal manera que si somos principiantes, lo más sencillo será solicitar el consejo de un profesional en el establecimiento donde vayamos a comprarlo.

Pero conforme avancemos en jardinería, será bueno que conozcamos una serie de pautas generales que nos ayudarán a elegir con conocimiento de causa el sustrato que nos conviene o incluso a prepararlo nosotros combinando los distintos componentes de que daremos noticia más adelante.

Capacidad de aireación

Las raíces deben respirar, al igual que las hojas, de modo que el sustrato debe garantizar que llega a ellas un suministro suficiente de oxígeno. Las mezclas con turbas rubias, o de esfagnos, suelen aportar una aireación óptima. Para aumentar la porosidad del medio y el nivel de aireación del sustrato podemos añadir productos como arena, perlita o lava volcánica. Las estructuras muy finas y poco porosas restan capacidad de aireación.

Capacidad de retención de humedad

Un sustrato debe tener capacidad de retener agua, de manera homogénea y sin que se encharque, de suerte que la planta disponga de una reserva de agua que aporta resistencia a la evaporación y permite la disminución de riego. La retención se define como la diferencia entre la cantidad de agua retenida por el substrato, tras su saturación con un riego y posterior drenaje, y depende de la granulometría del sustrato y de la porosidad de las

TIERRAS DE JARDÍN

Al elegir el sustrato, lo primero que debemos tener en cuenta es que no tenemos que poner tierra del jardín a nuestras plantas de interior. La razón es doble: por un lado es muy poco probable que esta tierra sea capaz de satisfacer las necesidades concretas de nuestra planta en maceta, y además suele contener un exceso de arcilla; por otro lado, al traer a casa la tierra del jardín podemos importar con ella los hongos, plagas o insectos que pueda haber en el exterior.

partículas que lo componen. Las mezclas demasiado orientadas a la aireación pueden disminuir la capacidad de retención.

Por ello, si el objetivo prioritario no es airear, sino mantener la humedad, la mezcla tendrá que contener arcilla para obtener el efecto contrario.

Contenido en sales

En los sustratos hay que procurar una baja salinidad, pues los sustratos muy salinos pueden ser perjudiciales. La disponibilidad de agua y el periodo que el sustrato tarda en asimilarla dependen de las sales y pH del medio. Con una salinidad alta nuestra planta tendrá menos agua disponible para sobrevivir. Además un sustrato salino nos obliga a ser mucho más prudentes con la fertilización y el riego, ya que las sales provienen principalmente de los fertilizantes, de materia orgánica, como el estiércol y del agua de riego, de tal manera que mediante nuestros cuidados podemos incrementar sin pretenderlo el contenido en sal del sustrato hasta hacer enfermar las plantas.

Capacidad de intercambio catiónico

El sustrato debe tener una capacidad de intercambio catiónico (CIC) equivalente a un volumen mayor de suelo convencional.

Se denomina CIC a la capacidad que tiene un suelo para retener y liberar iones positivos. Esta propiedad la tiene los sustratos con concentraciones altas de arcillas, porque éstas están cargadas negativamente. Dicho con otras palabras, esta variable mide la capacidad de un sustrato para retener los nutrientes que se encuentran en él, pues al no ser lavados por el agua, quedan disponibles para alimentar a la planta.

Esta capacidad es alta en sustratos integrados con arcillas, turbas, vermiculitas, mientras que es baja en los más ricos en poliestireno, arenas y perlitas.

Nivel de pH

El pH es un característica muy importante tanto de todas las tierras, como de las aguas de riego. Se expresa con un valor que va del 1 y 14 y que suele oscilar entre 3 y 9.

El sustrato se considera neutro si tiene un pH igual a 7, ácido si el pH es menor de 7 y alcalino si es mayor de 7.

El sustrato más recomendable para la mayoría de las plantas es el neutro o bien ligeramente ácido, poco mayores de 6.

Para las plantas acidófilas se recomiendan rangos de 5,6 o incluso inferiores, mientras que las llamadas calcícolas lo prefieren superior a 7.

Textura de elevada porosidad

Las raíces crecen más rápido en sustratos esponjosos, por lo que es preferible que el sustrato tenga una baja densidad aparente.

Denominamos densidad aparente a la que se calcula considerando el espacio total ocupado por los componentes sólidos más el espacio poroso. Con una baja densidad

AGUA FÁCILMENTE ASIMILABLE

La cantidad de agua retenida por el sustrato no siempre equivale a la cantidad de agua de veras disponible para la planta. Puede darse el caso de que la succión de la raíz no sea capaz de superar la fuerza con que el agua es retenida por las partículas del substrato. Este efecto puede darse cuando la porosidad total del sustrato es baja, cuando los poros son grandes y gran parte del agua se pierde por gravedad o, por el contrario, cuando los poros son muy pequeños y la planta es incapaz de extraer una cantidad suficiente de agua antes de secarse. Así pues, el valor que buscaremos en un substrato no será tanto su capacidad de retención total de agua, sino su capacidad de retención de agua fácilmente asimilable.

se propicia la porosidad, un peso liviano, una fácil mezcla y una manejabilidad adecuada del sustrato.

Al tomarlo con la mano y aplastarlo, el sustrato debe ser esponjoso al tacto y no quedar compacto, como los demasiado arcillosos.

Estructura resistente y estable
No obstante lo dicho en el punto anterior, los valores de densidad aparente no han de ser tan bajos que no garanticen una cierta consistencia de la estructura.

El sustrato debe tener una estructura capaz de mantener un volumen constante, tanto húmedo como seco.

La estabilidad en el tiempo es una combinación de propiedades físicas y químicas, que impide que el sustrato, por ejemplo, se contraiga o hinche por causas diversas.

La capacidad de resistencia del sustrato a factores externos incluye desde su protección ante plagas, hasta su respuesta a cambios químicos y ambientales.

SUSTRATOS ESPECÍFICOS

Si bien existe un sustrato versátil que resulta apto para el cultivo de la gran mayoría de plantas, distintos grupos de plantas tienen necesidades específicas. Por ello existe una gran variedad de sustratos especiales elaborados con mezclas específicas.

El sustrato más **universal**, es el elaborado con turba negra de máxima calidad, que aporta una estructura idónea que facilite el grado más comúnmente requerido de esponjosidad, aireación y drenaje por todo tipo de plantas.

Las **plantas de hoja verde**, por ejemplo, requerirán de un sustrato especialmente rico en humus y materias que activan la función clorofílica; mientras que para las **plantas de flor** se priorizará una turba de alta calidad con elementos nutritivos que estimulen la floración, como humus, perlita y abono. Geranios y rosales, entre otras flores, intensificarán su color y su floración si les proporcionamos un sustrato es específico.

En el caso de las **plantas acidófilas**, como gardenias, hortensias, camelias, fuchsias, azaleas, rododendros o brezos, necesitaremos un sustrato con pH ácido. Además debemos evitar regar estas plantas con aguas duras, de alto contenido en cal, y aprovechar a ponerlas bajo la lluvia cuando llueva, pues el agua pura sin cal les viene bien.

Para las **plantas epifitas**, como la amplia gama de orquídeas, helechos y bromelias, también se recomiendan sustratos especiales, por ejemplo, con alta presencia de trozos de corteza de pino, de modo que ofrezcan la justa aireación y retención de humedad que requieren sus raíces, además de un buen drenaje.

Las **plantas tropicales** destinadas a la vida en interior necesitarán de un sustrato especial que propicie una alta retención de agua y buen drenaje.

Los recipientes donde deben vivir nuestros **bonsáis** habrán de ser igualmente rellenados con un sustrato adaptado, dadas las concretas exigencias de estos pequeños árboles con respecto al drenaje del agua y la aireación de las raíces. La arena de cuarzo permite una adecuada aireación de las raíces, pero la composición variará según el tipo de árbol de que se trate.

Para facilitar el crecimiento de los **cactus** y todo tipo de plantas suculentas será bueno que escojamos un sustrato específico que incluya arena gruesa, para proporcionar una adecuada aireación y un drenaje particularmente bueno que evite los excesos de humedad que pudrirían sus raíces.

No sólo los distintos tipos de plantas, sino las distintas fases de la plantación pueden verse favorecidas por el uso de un sustrato especial. Por ejemplo el sustrato que favorece la germinación y el desarrollo de **bulbos**; el sustrato con propiedades estimuladores del crecimiento, ideal para **semilleros**; el sustrato de **trasplantes**, optimizado con arcilla, arena silícea, turba y mantillo para facilitar el drenaje y el agarre de las raíces, o el **compost orgánico**, que es el sustrato recomendado para los cultivos biológicos.

COMPONENTES DEL SUSTRATO

Los sustratos son el fruto de la mezcla de diversos materiales, como fibra de coco, turbas, perlita, arena, corcho o mantillos. Prepararlos bien consiste en mezclar los componentes de una manera homogénea, para que todas las partículas se encuentren distribuidas por igual en el conjunto de la mezcla.

La razón de que los componentes de un sustrato sean variados, aunque exista un integrante mayoritario, es que las mezclas de diferentes materiales en distintas proporciones mejoran las características del sustrato en conjunto y permiten adaptarlos a los distintos grupos de plantas.

Además, así se evitan problemas del sustrato vinculados a un exceso de homogeneidad, como el apelmazamiento tras el riego, el empapamiento que dificulta la respiración de las raíces o la menor capacidad de rehidratación tras un caso de desecación total.

Según su origen, los componentes del sustrato se clasifican en orgánicos, como la turba, la fibra de coco, la corteza de pino, el compost, los residuos forestales o de podas, la cascarilla de arroz o los orujos; e inorgánicos, como las arenas, las arcillas, las rocas volcánicas o los minerales naturales.

Otra clasificación de los componentes atiende al tipo de actividad química que llevan a cabo. En este caso se distingue entre químicamente activos, como las turbas, la vermiculita o la corteza de pino; y químicamente inertes, como la perlita, las bolas de arcilla, la arena, la puzolana o la lana de roca.

Turba

Arlita

Puzolana

Arena

Perlita

Fibra de coco

LA DENSIDAD DE LOS SUSTRATOS

Salvo casos muy específicos, la baja densidad aparente es una virtud de los sustratos. Los distintos componentes de un sustrato pueden considerarse en función de sus valores de densidad aparente. De menor a mayor densidad van desde la turba, con una densidad que oscila entre 100 y 300 kg/m3, hasta la arena, cuya densidad alcanza los 1300 kg/m3, pasando, por este orden, por la vermiculita, la perlita, la corteza de pino, la arcilla expandida y la greda volcánica.

ALGUNOS INGREDIENTES

Turba
Es en la actualidad el componente orgánico más utilizado como base de sustrato para plantas que crecen en macetas. Existen dos tipos de turbas, la rubia, denominada *Sphagnum* o turba de esfagnos, y la negra. La primera posee un mayor contenido en materia orgánica y está menos descompuesta, mientras que la turba negra está más mineralizada y presenta un menor contenido en materia orgánica. La turbia rubia, muy fibrosa y de color tabaco, es la de uso más frecuente, pues la negra tiene una aireación deficiente, menor nivel de retención de agua y un contenido elevado en sales solubles. La turbia rubia, sin embargo, tiene un pH más ácido y una menor capacidad de absorción de agua que la negra.

Arlita
Son pequeñas bolitas de arcilla de color rojizo duras, estables y de pH neutro. Resultan ideales para la gestión del agua del sustrato, pues su estructura interna es altamente porosa —derivada de la expansión de nódulos arcillosos a altas temperaturas—, y esto les permite absorber o liberar agua con nutrientes según las necesidades de la planta. Como su capacidad de aireación es alta, capturan el aire facilitando el aireamiento de las raíces de la planta. Se mezclan con materiales orgánicos para facilitar el drenaje, elevar su volumen de aire y reducir el de agua útil. Son muy utilizadas en cultivos hidropónicos, y también apreciadas por su efecto decorativo. Es recomendable lavarlas bien antes de su uso. Al contrario que la arena, la arcilla es un material que facilita la impermeabilidad del suelo.

Puzolana
Igual que la perlita, la puzolana es un material silíceo de origen volcánico. Estas pequeñas rocas volcánicas de color marrón-rojizo pueden utilizarse después de molidas y tamizadas hasta adquirir el tamaño deseado. Es más pesada que la perlita y tiene una menor capacidad de retención de agua. Su porosidad es alta, por eso permite una gran aireación y un perfecto drenaje, ya que su estructura rugosa crea los huecos necesarios para la evacuación de agua sobrante. Es un material inalterable con una gran resistencia ante cambios bruscos de temperatura. Se utiliza en mezclas de turba y arena para el cultivo de plantas en maceta como elemento drenante y también es apreciada por su efecto ornamental. Su pH es neutro.

Arena
La arena, de color amarillo claro, tiene una densidad y un peso muy altas, y unas capacidades de aireación y de retencl6n de agua medias. Conviene utilizar arena silícea cristalina, exenta de sales, pues la arena calcárea puede aumentar en exceso el pH y bloquear la absorción de nutrientes. Su porosidad disminuye con el tiempo a causa de la compactación. Se emplea como filtrador de agua porque favorece el drenaje y la aireación, siempre que se mezcle en la proporción adecuada. La escogeremos fina o gruesa según el destino del sustrato: si es para semillas, por ejemplo, fina, y si es para esquejes, gruesa.

Perlita
Son gránulos de color blanquecino obtenidos a partir de rocas volcánicas vítreas, sometidas a un calentamiento rápido hasta producir su expansión. Su pH es neutro, su densidad es baja, su capacidad de retención de agua es media o baja y su porosidad, elevada. Estas ligeras bolitas se utilizan preferentemente por su alta capacidad de aireación de las raíces y para dar mayor permeabilidad a las mezclas en las que intervienen, pues mejorar el drenaje y facilitan que se mantenga un nivel casi constante de humedad del sustrato.

Vermiculita
Es un mineral de baja densidad, color pardo y estructura laminar que se obtiene por la exfoliación de micas sometidas a altas temperaturas. Está compuesto básicamente por silicatos de aluminio, magnesio y de hierro. Es similar a la perlita, pero retiene mejor el agua y peor el aire que ésta. Se mezcla con en los sustratos y se coloca sobre los semilleros para asegurar el mantenimiento de la aireación y una temperatura óptima. Su pH es próximo a la neutralidad.

FIbra de coco
Se compone de una parte granular, con forma de copos, que se conoce como turba de coco, y de una parte fibrosa, que son los restos de las fibras entrelazadas que se rascan en la cáscara de coco cuando se limpia. Gracias a su esponjosidad y buena textura, ofrece un excelente equilibrio entre retención de agua y capacidad de aireación. Por ello se utiliza como sustituto de la turba, pues su estabilidad física es mayor y además tiene mejor mojabilidad, es decir, absorbe muy rápidamente el agua cuando está seco. Por contra, requiere fertilizante y lavados para paliar la salinidad. Su densidad aparente es muy baja y tanto su capacidad de retención del agua como de intercambio catiónico son muy elevadas. Además es un producto ecológico y renovable. Su pH es ligeramente ácido.

Un abonado correcto

Como todos los seres vivos, las plantas necesitan nutrientes para subsistir. Aunque descansen sobre un buen sustrato, las reservas de alimento que las raíces extraen de la tierra se agotan y es necesario reponerlas periódicamente. Ésta es la función del abonado.

EL ABONO JUSTO

Podemos perjudicar a la planta por exceso o por defecto de nutrientes. Si la sobrealimentamos, crecerá anormalmente, aparecerán brotes desgarbados y tallos delgados, se le caerán las hojas y empezará a marchitarse. En este caso debemos retirar la primera capa de sustrato y regar regularmente sin retomar la fertilización hasta pasados dos meses. Una carencia de abono, por el contrario, provoca falta de crecimiento de la planta, decoloración del follaje, poca floración y escasez de frutos. La solución en tal caso pasa por empezar a aplicar los nutrientes extra que demanda la planta.

NITRÓGENO, FÓSFORO Y POTASIO

Aunque el sustrato que hayamos preparado para nuestras plantas contenga, en un principio, todos los nutrientes que éstas necesitan, con el tiempo se agotan y hemos de reponerlos para que la planta pueda crecer y florecer con vigor.

Además, en el caso de las plantas de interior, los sustratos utilizados suelen ser más pobres en nutrientes que los destinados a jardines o cultivos de huerto, por lo que es fundamental que ayudemos a la fertilidad de la tierra con abono. Las plantas que viven en macetas grandes o jardineras compiten todas por el mismo alimento. También debemos controlar la fertilización de las plantas de temporada, pues tienden a consumir más rápido los nutrientes.

Para abonar debemos saber que todas las plantas necesitan tres elementos nutritivos esenciales: nitrógeno (N), fósforo (P) y potasio (K), además de otros minerales en pequeñas cantidades, como magnesio, hierro, azufre, boro y cobre.

El nitrógeno es fundamental para el crecimiento de tallos y hojas, y para la síntesis de la clorofila; el fósforo, para que las raíces estén sanas y nazcan brotes de flores y hojas nuevas, y el potasio para que las hojas y frutos tengan consistencia y robustez. También son imprescindibles para la vida de las plantas los diversos oligoelementos que aportan los abonos. Existe un abono universal y versátil que sirve para el conjunto de la mayoría de las plantas. Sin embargo, para objetivos concretos será mejor que optemos por fertilizantes específicos. Así pues, por ejemplo, si queremos lograr unas grandes hojas para nuestras plantas de follaje verde sin flor, será aconsejable que nos inclinemos por abono rico en nitrógeno; para activar las plantas de flor y de hojas coloreadas, normalmente habrá que priorizar el fósforo, mientras que un abono rico en potasio ayudará a que la planta se recupere después de florecer.

ADMINISTRAR EL ABONO

Hay que saber cuánto, cómo y cuándo aplicar el producto, y ésta información sólo puede suministrárnosla el fabricante del abono. De todos modos, en términos generales podemos decir que conviene abonar antes de que las plantas empiecen a florecer, durante el período activo de crecimiento, generalmente de marzo a septiembre. En invierno no se suele abonar, o se abona muy poco, y en tales casos es más fácil que el abone resulte dañino. Es posible aplicar abonos solubles una vez al mes para las plantas de crecimiento rápido y cada dos meses para las demás. Es recomendable no fertilizar la planta hasta pasado un mes después del trasplante.

TIPOS DE ABONOS. PASO A PASO

Los fertilizantes están disponibles en grano, en barra, en polvo o líquidos. Nuestra elección irá en función de las necesidades de la planta y de la frecuencia de aplicación.

1 Abonos líquidos y solubles de efecto rápido

Los abonos líquidos son los más utilizados en plantas de interior. Son de asimilación rápida, por lo que duran poco y hay que reponerlos a menudo. Su alto grado de efectividad y rapidez obliga a que seamos muy prudentes al aplicarlo, pues es fácil excederse en la dosis. La mayoría se aplican a las raíces, aunque algunos pueden aplicarse a las hojas. Los fertilizantes en polvo solubles, que salvo casos específicos suelen reservarse para jardines, se aplican con una regadera o una botella con boca aspersora. Es importante que reservemos esta herramienta sólo para abonar.

2 Abonos en clavos y barritas de efecto lento

Los abonos en clavos o palitos que se introducen en el terrón suponen un riesgo menor que los líquidos, pues su efecto es más lento y progresivo. Los colocaremos cuando la planta ya está en su recipiente, y preferiblemente durante la vegetación. Se clavan a una profundidad de entre 1 y 2 cm, separados 2 o 3 cm del borde, en tiestos pequeños, o unos 5 cm en los recipientes mayores. La duración del abono, conforme vayamos regando la planta, varía entre uno y tres meses.

3 Abonos granulados de efecto lento

Los fertilizantes granulados se colocan durante la plantación y su liberación es lenta, a lo largo de varios meses, por lo que suelen bastar dos o tres aplicaciones al año. Si hemos adquirido la planta en un tiesto, aplicaremos las pequeñas bolitas sobre la primera capa de sustrato, para que vayan liberando sus nutrientes con los cambios térmicos. Así logramos una fertilización permanente y en dosis siempre inocuas. Al replantar en maceta podemos utilizar abono granulado depositando una capa de bolitas en el fondo del recipiente, con lo que ayudaremos a la planta a retomar con vigor su crecimiento.

El riego prudente

Al regar se cometen muchos errores, por suministrar demasiada agua, o por no dar la suficiente. De estos dos errores, el más grave es el primero, pues es mucho más factible hacer revivir una planta seca que recuperar una anegada.

CUÁNDO Y CÓMO REGAR

La necesidad de agua varía de una especie a otra y depende de muchos factores. Lo fundamental es evitar los riegos frecuentes y superficiales y regar sólo cuando sea necesario, es decir, cuando la tierra esté seca. Podemos comprobarlo tomando un poco de tierra con los dedos y apretándola: si está húmeda, pero no gotea, significa que no necesita más agua.

Las plantas que necesitan mucha agua las regaremos hasta que la tierra se empape por completo y el agua empiece a gotear por el desagüe. Las que necesitan poca agua las regaremos cuando el cepellón se separe del borde superior de la maceta, pero dosificaremos el riego para que toda el agua sea absorbida sin llegar a salir por el desagüe.

La manera correcta de regar una maceta es desde arriba, dirigiendo la boca de la regadera hacia la base del sustrato y empapando toda la superficie. Luego hay que eliminar el exceso de agua del macetero. Las plantas de rizomas delicados o cuyas hojas soportan mal el agua podemos regarlas vertiendo agua en el plato de debajo de la maceta. Las mejores horas para regar son la primera de la mañana y de la tarde.

Es preferible emplear agua templada, pues el agua fría causa un trauma a las plantas que afecta a su crecimiento, y conveniente almacenar agua de lluvia, pues está libre de cloro. También podemos dejar reposar un día el agua de grifo para que el cloro pueda evaporarse.

LAS AGUAS DURAS

El agua del grifo suele tener un contenido elevado en cal. Si bien la mayor parte de las plantas toleran las aguas moderadamente duras, existen plantas de interior, como las azaleas, las orquídeas y los anturios, que pueden verse muy dañados por una agua excesivamente dura. Para evitarlo podemos emplear agua hervida para el riego, pues la cal se sedimenta durante la ebullición. También son muy blandas el agua de lluvia y el agua de condensación de la secadora, y aunque carecen de nutrientes, podemos añadirles un poco de abono líquido.

UN BUEN DRENAJE

Salvo especies excepcionales, como el lirio de agua, lo normal es que las plantas requieren de un sustrato húmedo, pero no anegado.

El buen drenaje depende, en primer lugar, del tipo de sustrato escogido, que posea las condiciones de porosidad necesarias, pero también es necesario que el recipiente disponga de uno o varios agujeros por los que se pueda evacuar el exceso de agua del riego. En el caso de las macetas pequeñas y medianas, añadir piedras o trozos de teja y de tiestos rotos es suficiente para que las raíces de la planta no taponen los orificios de salida. Cuando nos encontramos ante una maceta de mayores dimensiones, se requiere la preparación de un drenaje más sofisticado, por ejemplo mediante el uso de una malla de rejilla.

Incluso en estos casos, si el recipiente reposa sobre una base no porosa, puede no producirse un correcto drenado. Para facilitar la salida de agua, elevaremos la maceta del suelo colocándola sobre una base de madera o de teja.

UN DRENAJE SENCILLO PASO A PASO

Con una rejilla y un alambre podemos realizar un sistema de drenaje sencillo, o potenciar un drenaje en caso de encontrarnos ante una maceta de grandes dimensiones. Este sistema, además, evita que trozos grandes de tierra se desprendan bajo el tiesto.

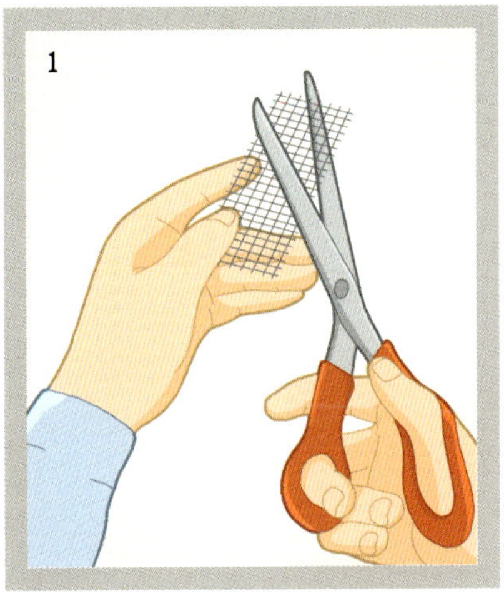

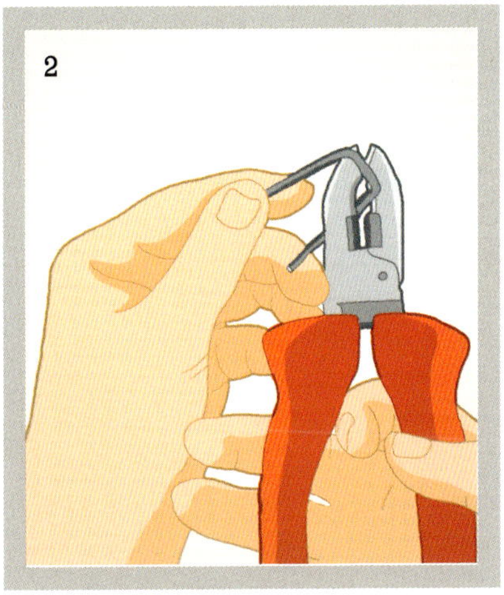

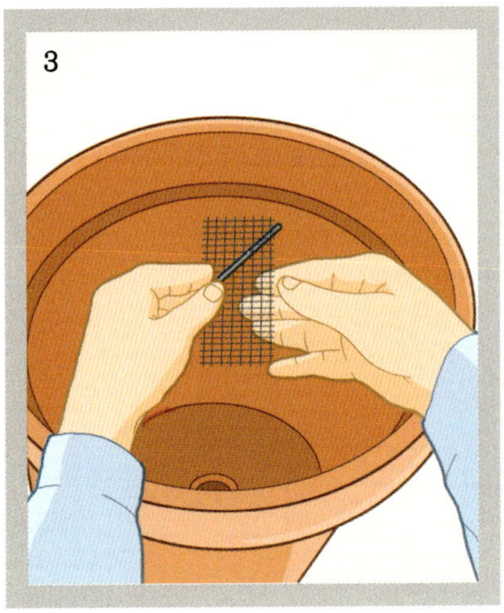

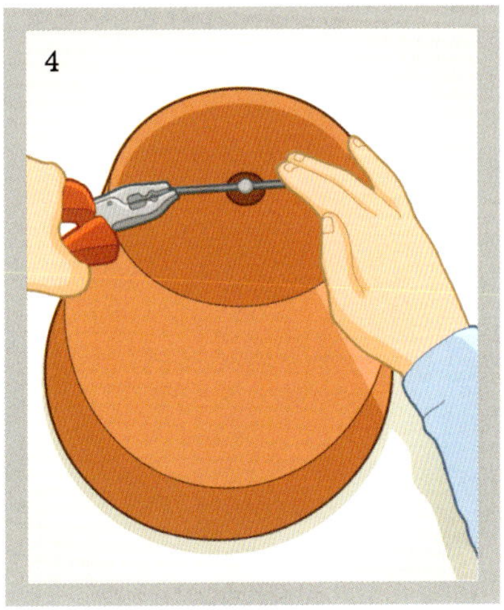

1 **Partimos la rejilla.** Cortamos un trozo de rejilla de tamaño algo superior al de la superficie del agujero que tapará. En el caso de bases con varios agujeros, podemos recortar un único trozo que tapone todos a la vez.

2 **Cortamos y damos forma al alambre.** Con unos alicates, cortamos el segmento de alambre que necesitemos y le damos forma de «U», a modo de horquilla.

3 **Acoplamos la rejilla y el alambre.** Introducimos el alambre en la parte central del trozo de rejilla, aprovechando sus huecos.

4 **Colocamos el sistema en el tiesto.** Ponemos la rejilla en el fondo de la maceta haciendo pasar los extremos del alambre por su orificio. Giramos el tiesto y extendemos hacia los lados los extremos del alambre para fijarlo.

MÉTODOS DE RIEGO

Las macetas pueden ser regadas con regadera desde arriba, según el método tradicional, desde abajo colocando la maceta sobre un platito con agua, o por inmersión.

Según el momento o el tipo de planta será recomendable un tipo u otro de riego. El riego por inmersión, por ejemplo, resultará el más práctico para hacer revivir una planta seca o para regar plantas en cestos colgantes, de difícil acceso; mientras que el procedimiento de colocar un cuenco con agua bajo la maceta, será ideal para especies de flor como el ciclamen, la begonia o la azalea.

Regar en dos tiempos

Lo primero que debemos conocer es la cantidad de agua exacta que necesita la planta, pues errar en el riego por exceso puede ser más perjudicial que errar por defecto. Para ello realizaremos el riego en dos tiempos, esperando entre 5 y 10 minutos tras el primer riego para que la tierra absorba el agua. Antes de verter el resto del agua, hay que comprobar la que ha caído en el platillo, y vaciar éste. Solamente si vemos que la tierra admite más agua verteremos el resto.

Regar en dos tiempos

Necesidades especiales de humedad

Existen plantas que necesitan más humedad que otras, ya sea por su situación comprometida en nuestro hogar, o por sus propias características. Cuando necesitemos incrementar el porcentaje de humedad en la atmósfera, usaremos el platillo como depósito de reserva y fuente de vapor de agua. Para estos casos hay que elegir un platillo profundo y formar en su fondo una capa de guijarros o grava donde asentar el tiesto de modo que adquiera cierta elevación. Al verter el agua cuidaremos de que su nivel no alcanza la base de la maceta. Conforme se vaya evaporando, el aire que envuelve a la planta irá humidificándose.

Humedecer en épocas de calor

En plena canícula, ante una ola de calor, durante todos los meses secos del año, en zonas calurosas, o bien en invierno en interiores fuertemente caldeados por la calefacción, los consejos generales de riego dejan de servir: las necesidades de las plantas pueden cambiar y debemos saber estar pendientes para actuar en consecuencia. Es recomendable sumergir las macetas completamente en agua y esperar a que las burbujas de aire suban a la superficie, de modo que humedezcan el ambiente. Esta acción conviene realizarla una vez al mes y esperar luego dos días antes de regar de nuevo. Otra manera de humedecer las plantas es vaporizar el follaje. Al igual que en la vaporización sobre plantas de exterior, nunca debemos llevarla a cabo si la planta recibe sol directo, pues las gotas de agua pueden hacer las veces de lupa y producir quemaduras. Hay plantas con requerimientos específicos: las cicas, por ejemplo, exigen una vaporización continuada pues sólo viven en ambientes húmedos; con plantas de follaje velloso, sin embargo, hay que evitar toda vaporización, pues retienen mucho líquido; mientras que con la orquídea, por ejemplo, no debemos vaporizar las flores, pero sí el resto.

Necesidades especiales de humedad

Humedecer en épocas de calor

REVIVIR PLANTAS MARCHITAS

Si una de nuestras plantas se ha secado, podemos intentar revivirla aplicando el riego por inmersión. Para ello hay que llenar un bol con agua fría y sumergir en él la planta seca, de manera que el borde de su tiesto quede inmediatamente debajo de la superficie del agua. Mantendremos el tiesto dentro del bol mientras el agua vaya soltando burbujas de aire. Si la planta no mejora, tendremos que podarla hasta llegar a los tallos más verdes, pues eliminando el exceso de ramas, la planta aumenta sus posibilidades de revivir. Luego hay que situar la planta en una zona sombreada, a resguardo tanto del sol como del viento, y regarla moderadamente.

EL AUTORRIEGO

Cuando nos ausentamos, si la salida va ser corta, de un fin de semana, no es preciso tomar ninguna precaución especial, salvo que estemos en plena canícula, en cuyo caso será recomendable que coloquemos las plantas de interior en una habitación donde no reciban luz solar directa. Pero si nos vamos de vacaciones hemos de asegurarnos de que no les faltará el agua a las plantas. Los métodos de autorriego nos permitirán mantener las plantas sin tener que recurrir a familiares o amigos. Hay diversas opciones:

- Llenar botellines con agua y colocarlos boca abajo sobre la tierra resulta un método muy práctico si se trata de vacaciones cortas.
- Introducir bolas de porcelana, conos o figuras de barro llenas de agua en la tierra de la maceta.
- Adquirir maceteros autosuficientes con provisión de agua.
- Colocar junto a las macetas un recipiente con agua y comunicarlo con el sustrato mediante un tejido absorbente, como indicamos en la ilustración.
- Situar la maceta sobre una toalla cuyo extremo esté en remojo en un cubo de agua o un fregadero y regar por capilaridad como indicamos en la ilustración.
- Recurrir a sistemas de riego automático por goteo con control electrónico.
- Poner las plantas en la bañera, bajo el goteo de la ducha.

1 Un acueducto doméstico

Colocamos un cubo lleno de agua junto a la maceta, y lo calzamos para que supere la altura de ésta. Luego ponemos en comunicación el agua del cubo con la maceta mediante un tejido absorbente. En la parte del cubo, aseguraremos la inmersión del tejido con algún objeto pesado, como una piedra, y en la maceta introducimos el tejido húmedo bajo la primera capa de sustrato.

2 Riego por capilaridad

Colocamos dos cubetas una al lado de otra y las comunicamos por medio de una toalla, que extendemos en la base de ambas. Llenamos de agua la primera bandeja y en la segunda colocamos las macetas. La capilaridad hará el resto: al permanecer la estera siempre húmeda, las plantas irán absorbiendo el agua por los orificios inferiores de la maceta según sus propias necesidades.

Poda y descabezado

La poda es, para las plantas, el «renovarse o morir» de los seres humanos. Gracias a una buena poda, las plantas recobran una nueva vida, que les hará lucir un aspecto más lozano y cuidado en la nueva temporada.

Si vemos que la planta ha comenzado a perder la escala deseada y su crecimiento empieza a perder la proporción del conjunto, es el momento de podarla.

LAS RAZONES Y EL MOMENTO DE LA PODA

Son tres los objetivos básicos de la poda: suprimir algunas partes de las plantas leñosas, dañadas o enfermas; dar forma a la planta, y propiciar su crecimiento y floración. Pero una poda incorrecta, lejos de aumentar la fuerza y vigor de nuestras plantas, puede poner en juego su futuro, causarles daños irreparables e incluso la muerte.

Al podar debemos evitar que se produzca un desequilibrio entre las raíces, que absorben la savia bruta, y la parte aérea, que produce la savia elaborada. Si podamos de manera drástica, reduciendo en exceso la parte aérea, reduciremos igualmente la capacidad de la planta para convertir la luz del sol en energía, de modo que retrasaremos su desarrollo, ya que parte de las reservas de energía se emplearán en reemplazar las zonas suprimidas.

Aunque el momento de poda puede variar en función de la especie, edad y circunstancias, por regla general las plantas se podan tras la floración. En cuanto a épocas del año, cabe distinguir entre la poda en seco, que se efectúa cuando las plantas están en reposo, en los meses de otoño e invierno, y la poda en verde, que se realiza durante los meses de primavera o verano. Ésta debe ser mucho más ligera que la poda en seco, y a menudo se limita a una labor de retoque.

TÉCNICAS DE PODA

Lo primero es seleccionar las ramas que han crecido excesivamente. Luego realizaremos un corte limpio por encima de la intersección de una hoja con el tallo. Al realizar el corte, la planta reacciona y activa las yemas latentes que se encuentran entre las hojas y el tallo, y de estas nuevas yemas empiezan a crecer nuevos tallos que devolverán a la planta el volumen y aspecto deseado.

Para realizar el corte debemos cumplir los siguientes requisitos:

- El corte debe ser limpio, para favorecer la cicatrización.
- El corte debe ser en diagonal y por encima de una yema sana.
- La dirección de la diagonal del corte ha de ser la opuesta a la yema, para evitar que el agua de lluvia o rocío se acumule sobre ésta y favorezca la proliferación de hongos.
- El corte debe quedar a una distancia de 0,5 a 1 centímetro sobre la yema.
- Si el corte está pegado a la yema, ésta se secaría, y si está demasiado alejado, se secaría el tocón sobrante, lo que podría afectar al resto de la planta.

Cuatro errores y un acierto.

DESCABEZADO DE FLORES PASO A PASO

Además de mantener siempre el buen aspecto de las plantas con flor, el descabezado de flores marchitas puede favorecer una segunda floración en un mismo año.

1 En plantas de floración grande, es necesario despuntar las flores y sus cápsulas de semillas, retirándolas una a una con una pinza formada por nuestros dedos pulgar e índice. De esta manera, la planta dará flor todo el verano.

2 Cuando nos encontramos ante plantas de floración pequeña, como el jazmín, la tarea de retirar las flores una a una se convierte en imposible. Por esta razón cortaremos los tallos marchitos de manera que la planta quede limpia y con energía y ganas renovadas de seguir creciendo.

3 Los rosales requieren de una poda excepcional. Primero hay que eliminar las ramas muertas y las que se cruzan perjudicando la buena aireación. Luego, para estimular nuevas floraciones y evitar que mueran las puntas de los tallos, cortaremos el tallo de la rosa marchita hasta la primera hoja que mire al exterior.

Limpiar las plantas

Limpiar y refrescar regularmente las hojas de las plantas con un paño húmedo o con un rociador nos ayudará a evitar posibles plagas y permitirá que transpiren mejor, además de proporcionarles un aspecto más brillante y saludable.

LIMPIEZA DE LAS HOJAS

Conviene limpiar las plantas de interior, así como las del balcón o terraza, como mínimo una vez al mes; y en primavera y otoño es conveniente efectuar una limpieza a fondo. La capa de polvo y contaminación que se acumula sobre sus hojas no sólo les aporta un aspecto más apagado, sino que impide que realicen una correcta respiración, dificultan la absorción de la humedad ambiente y obstaculizan la buena recepción de luz solar, procesos que la planta necesita para estar saludable.

La primera tarea será eliminar las hojas secas y las flores mustias, ya que, por un lado, perjudican la belleza de la planta y, por otro, consumen nutrientes de forma innecesaria. Con este proceso de limpieza favorecemos la regeneración del ejemplar al permitir una mejor distribución del alimento y fomentaremos la aparición de nuevos brotes.

En segundo lugar, hay que limpiar cuidadosamente cada una de las hojas con un paño húmedo o bien rociarlas abundantemente con un vaporizador, procurando arrastrar todo el polvo y los restos de suciedad que la planta haya podido acumular. Esta operación permitirá que se oxigene mejor y, al mismo tiempo, es de gran utilidad para prevenir posibles enfermedades y mantener a raya ciertas plagas, como los pulgones. Se pueden

ELIMINAR BORDES MARRONES

Los antiestéticos bordes marrones y puntas secas de las hojas pueden deberse a causas varias, como un riego irregular, acumulación de humedad o, por el contrario, aire demasiado seco. La solución en estos casos pasa por eliminar las hojas pequeñas y con manchas y recortar las zonas marchitas de las hojas grandes con una tijera bien afilada de modo que el contorno quede protegido por un fino margen marrón, que actuará de barrera para evitar que la hoja siga secándose.

limpiar las plantas simplemente con agua mineral o destilada, pero también con agua de jabón, que por cierto es un tratamiento ecológico para la eliminación de plagas, o con agua a la que hayamos añadido un poco de vinagre, para eliminar las manchas de cal. Si hay un problema persistente de plagas, se deberá limpiar la hoja con un paño húmedo impregnado de insecticida líquido.

Tras quitar las partes marchitas y limpiar las hojas, es igualmente importante rastrillar la tierra para eliminar los posibles restos vegetales de la superficie por dos razones: evitar que se pudran y atraigan con ello a hongos o parásitos, en primer lugar, y, en segundo lugar, impedir que el agua llegue a las raíces.

HOJAS MÁS BRILLANTES

En el mercado existen productos específicos para abrillantar las hojas de las plantas. Pero, conviene estar atento a cómo evoluciona la planta, para asegurarnos de que tolere bien las sustancias artificiales.

Los ejemplares más sensibles pueden presentar reacciones en las horas sucesivas a su aplicación, por eso, si percibimos que tras aplicar el producto las hojas se resecan o presentan manchas, tendremos que rociarlas abundantemente con agua destilada a modo de lluvia para eliminar cualquier resto de la sustancia en las hojas.

También hay diversos métodos naturales para abrillantar las hojas de las plantas, como pasarles una esponjita humedecida con cerveza o con leche y dejarlas secar. Este procedimiento no daña las hojas y pone coto a la suciedad de la planta durante más tiempo. Sin embargo, no debe usarse de forma habitual, pues no conviene olvidar que lo mejor para la planta es el agua.

PLANTAS LIMPIAS Y SALUDABLES

Eliminar el polvo

El polvo se va acumulando sobre las hojas a lo largo de todo el día, obstaculizando el paso de la luz y afectando el metabolismo de la planta. Por ello hemos de limpiar las hojas con frecuencia. Obtendremos un doble beneficio: además de quitar la suciedad acumulada (especialmente en las plantas de terrazas y balcones urbanos), eliminamos posibles parásitos. Para evitar daños en las plantas más delicadas, o en nuestras manos en el caso de algunas suculentas, podemos limpiarlas repasando su superficie con un pincel. Éste será blando y seco para las plantas con hojas pilosas, a las que no les gusta la humedad, y húmedo para limpiar los cactus. Para limpiar las hojas grandes de plantas verdes, podemos repasar la superficie de cada hoja con un trapo húmedo o una esponja suave, con movimientos suaves que vayan desde la base del tallo hasta nosotros. Las plantas de hojas finas es mejor colocarlas en la bañera y ducharlas con cuidado, envolviendo la maceta con una bolsa de plástico que evite que se desparrame la tierra.

Retirar hojas y flores secas

Mantener hermosas las plantas implica también ir quitando constantemente, con la ayuda de unas pequeñas tijeras, las partes amarillentas, así como los tallos y flores secos. De no hacerlo así, además de afear el aspecto del ejemplar, correremos el riesgo de que las flores y hojas secas se pudran sobre el sustrato, lo cual atraerá parásitos y ocasionará la proliferación de hongos. Las plantas debilitadas suelen ser propensas a contraer enfermedades. Para minimizar posibles daños en el tronco o follaje, la norma general es cortar desde la base. Pero hay excepciones, como las drácenas, plantas que se van secando por la punta, con lo que conviene cortar la parte seca de la hoja incluso cuando el resto todavía está sano. Por lo que respecta a las flores marchitas, para proceder a su eliminación hay que incidir siempre por encima de los pedúnculos de las flores vivas, o bien por debajo de la corola, cuando se unen en forma de ramo. Los tallos sin hojas que sostienen las flores secas deben cortarse lo más cerca posible del tronco.

Solucionar problemas

Como todos los seres vivos, las plantas están expuestas a sufrir enfermedades. La observación es la clave para detectarlas y solucionarlas, porque localizando el problema en su fase inicial, su tratamiento será mucho más sencillo y efectivo.

DIAGNOSTICAR LA ENFERMEDAD

En primer lugar es muy importante no olvidar que no todas las plagas y enfermedades que pueden sufrir nuestras plantas vendrán de mano de insectos o bacterias, sino que el exceso o defecto de abono, un riego inadecuado o la necesidad de un trasplante pueden acarrear problemas en nuestra zona verde.

Así pues, debemos aprender primero a detectar la enfermedad, pues, como es lógico la actuación será diferente si estamos ante la respuesta de la planta a un estado carencial, o se trata de una enfermedad producida por una invasión de insectos o de hongos.

En el punto de mira debemos tener los puntos donde se produce el crecimiento de la planta, pero también el envés de las hojas: es en esos lugares donde aparecen los primeros síntomas de enfermedad.

Hay que prestar especial atención entre los meses de mayo y septiembre, porque durante el resto del año son poco comunes los ataques de insectos. Es importante también evitar los tratamientos preventivos, pues acaban mermando la capacidad de la planta para superar por sí misma las enfermedades.

Cuando en jardinería hablamos de plagas nos referimos a todos los animales que pueden causar daño a las plantas, en especial los insectos chupadores y masticadores.

Por enfermedades de las plantas entendemos, sin embargo, las que son causadas por otro tipo de organismo, como virus, bacterias y hongos. Por lo general las plagas son más fáciles de identificar y de tratar que las enfermedades.

ES MEJOR PREVENIR

Tomando una serie de precauciones podemos evitarnos la tarea de curar las enfermedades y plagas de nuestras plantas. En primer lugar será conveniente que las especies que escojamos puedan adaptarse al medio donde las vamos a colocar: si son plantas de mucha luz y las ponemos a la sombra, o viceversa, será mucho más probable que enfermen. En segundo lugar, si nuestra planta no está bien nutrida será más propensa a enfermar. En tercer lugar, evitaremos el contagio, ya sea por esquejes de plantas enfermas, ya por un sustrato con males hierbas. Y por supuesto, tendremos que atender a las características de la especie para acertar en los cuidados específicos.

MALAS CONDICIONES DE CULTIVO

El principal mal que puede afectar a nuestras plantas no procede de una invasión externa de insectos o de hongos, sino de unas condiciones de cultivo inadecuadas para la naturaleza de la planta, que tal vez requiera más o menos luz, más o menos agua, más o menos fertilizantes, más o menos poda, una temperatura ambiental y una ubicación diferentes, un recipiente más amplio o un mejor sustrato donde arraigar, entre otras posibles necesidades.

Cualquier desajuste en estas variables puede generar un malestar a la planta que, si se mantiene en el tiempo, tenga consecuencias tan graves como las del peor agente externo. Si, por ejemplo, las hojas de un helecho, que requiere sombra, empiezan a debilitarse, tal vez hayamos escogido un lugar demasiado soleado para él; si la base de un cactus empieza a pudrirse, es probable que estemos regando en exceso; si las hojas de una planta se decoloran o amarillean, seguramente existirá un déficit de abono.

Habrá que estudiar la planta para acertar al aplicar la solución a cada problema.

ERRORES DE CULTIVO

Hojas mustias

La falta de vigor y lozanía generalizada de una planta suele deberse a una falta de riego. Interviniendo oportunamente la planta recuperará todo su esplendor.

Tallos secos

Tallos secos. Cuando hay un exceso de agua en la tierra que las raíces no pueden absorber se acaban pudriendo. Hay que trasplantar antes de que sea irreversible.

Falta de crecimiento

Tanto la falta de nutrientes, como una poda incorrecta o excesiva, que desequilibre a la planta, pueden tener este efecto.

Tallos largos y descoloridos

Comprobemos si la planta tiene la luz que necesita. Si no es el caso, hay que cortar las ramas dañadas y colocar el recipiente en un lugar más iluminado.

Hojas débiles

Los golpes de aire o los cambios drásticos de temperatura suelen provocar la caída de hojas. Procuraremos que la planta recupere su equilibrio protegiendo su ubicación, si es el caso, o vaporizando el aire, si es demasiado seco.

Hojas manchadas

Las manchas rojizas o plateadas suelen ser síntoma de insolación. Hay que retirar las hojas dañadas y evitar el sol directo.

Hojas enrolladas

En condiciones de falta de humedad la planta enrolla sus hojas para protegerse de la deshidratación. Puede ser por falta de riego o por un ambiente demasiado seco, que habrá que humedecer pulverizando agua.

Hojas amarillentas

Suele ser por falta de nutrientes; si las hojas viejas son las primeras en amarillear, la razón puede ser una carencia de nitrógeno, y habrá que fertilizar la planta en consecuencia.

Clorosis

En ocasiones puede amarillear la hoja, pero los nervios seguir siendo verdes. Esto puede estar ocasionado por el empleo de aguas calcáreas. En estos casos podemos resolver el problema aportando hierro a la planta.

INVASIÓN DE INSECTOS

En principio hay que tener en cuenta que tras una plaga es muy probable que exista también un problema de cuidado deficiente de la planta, pues cuando las plantas están bien nutridas y cuidadas en buenas condiciones es más difícil que sean vencidas por los parásitos, pues pueden tener las defensas propias suficientes como para combatirlos. No obstante, esto no nos debe animar a sobrealimentar la planta, pues el abuso de abonos puede asimismo atraer a los insectos.

El segundo aspecto que debemos tener en cuenta es que, como en el resto de seres vivos, un diagnóstico a tiempo puede resultar vital. Por ello hay que controlar las plantas con frecuencia. Las enfermedades empiezan a manifestarse con pequeños síntomas, de modo que cualquier ligero empeoramiento del estado habitual de la planta debería movernos a actuar, pues podemos intervenir en una fase en la que sea muy sencillo detener la enfermedad.

Pocas normas generales pueden darse para tratar las plagas, pues dependerá del tipo de parásito atacante y del insecticida o fungicida que lo combata, que tendremos que aplicar de forma homogénea en el haz y envés de las hojas, y siguiendo siempre las indicaciones del fabricante en cuanto las dosis, la distancia de aplicación y la duración del tratamiento.

SOSPECHOSOS HABITUALES

Las plagas más comunes son las causadas por los pulgones, la cochinilla y la mosca blanca. Los pulgones se identifican como unos puntos negros o verdes que se sitúan en las extremidades de los brotes y en las hojas jóvenes. La cochinilla es como una pequeña lapa cubierta de pelusilla blanca que se localiza en lugares protegidos, sobre el envés de las hojas en los tallos. La mosca blanca es como una diminuta polilla que se alimenta desde el envés de las hojas; es más difícil de localizar, pero podemos detectarla porque revoloteará cuando meneemos la planta.

Estos tres parásitos chupadores se adhieren a las hojas para extraer savia de la planta, deformándola y debilitándola.

Por añadidura, expulsan sobre las hojas el exceso de savia consumido, formando una película de sustancia brillante y viscosa sobre la que se desarrolla fácilmente un hongo llamado negrilla, que al extenderse como un manto fino negro sobre las hojas impide la penetración de luz y la respiración de la planta. Con el tratamiento de la plaga que lo ha atraído desaparecerá también este hongo.

Otra de las plagas más habituales es la de las arañas rojas. Son ácaros minúsculos, del tamaño de la cabeza de un alfiler, que se alimentan del contenido celular de las plantas, de modo que las hojas van salpicándose de pequeños puntos de color amarillo anaranjado hasta llegar a amarillear por completo. Pueden detectarse por las pequeñas telas de araña que tejen sobre los extremos de las hojas.

Otros plagas menos comunes pueden ser causadas, entre otros insectos, por pequeños trips, piojos, orugas de mariposa o babosas y pequeños gusanos que provocan tumores en las raíces de las plantas.

REMEDIO CASERO
La mayoría de estos parásitos, con la excepción de la mosca blanca, no tolera la humedad. Por ello para combatirlos procuraremos mantener el follaje siempre húmedo, vaporizando las hojas con cierta regularidad.
Existe un remedio casero tan antiguo como útil para eliminarlos: se trata de elaborar una solución de agua caliente con detergente y alcohol de quemar y esparcirla sobre las plantas con un pulverizador.

INVASIÓN DE HONGOS

Las infecciones por hongos se propagan con rapidez cuando las plantas están débiles. Suelen aparecer en ambientes inadecuados, especialmente en los lugares demasiado cálidos y húmedos. Una de las causas más comunes de aparición de hongos parásitos es el exceso de riego que provoca encharcamiento del cepellón. Otra causa frecuente es el abuso de fertilizante, que además puede resultar atractivo a determinados insectos.

La septoriosis es una enfermedad habitual provocada por hongos. A la planta afectada se le van secando las hojas, que primero amarillean y luego se oscurecen y cubren de puntos negros.

El mal seco o fusariosis también tiene origen en hongos patógenos. En las hojas afectadas aparecen manchas o zonas secas, de color castaño rojizo con borde amarillo, que se extienden por los nervios.

Otros hongos son el oídio, reconocible por las manchas de polvo blanquecino que deja sobre las hojas; la marsonnia o enfermedad de las manchas negras; la roya o herrumbre, que presenta manchas ocre amarillentas en el haz de las hojas y los tallos, bultitos de color naranja que en verano viran a negro en el envés, y, al fin, manchas rojas en ramas y brotes nuevos; y la podredumbre gris o Botrytis, que provoca manchas foliares y pudriciones en fruto, tallo y raíces.

Para prevenirlos todos estos hongos hay que airear con mayor frecuencia, abonar menos, regar por abajo, poniendo las plantas sobre un plato con agua, y evitar ambientes muy húmedos y con poca luz. Para combatirlos, hay que eliminar las partes afectadas y pulverizar la planta al aire libre con remedios específicos.

Decorar con plantas

Decorar con plantas

Por sus formas, colores, texturas, dibujos y aromas, las plantas de vistosas flores y de hojas ornamentales son tan atractivas que por sí solas pueden embellecer y dar encanto a cualquier rincón del hogar.

LA BELLEZA DE LAS PLANTAS

Tan bellas son las plantas que, en decoración, está casi prohibido servirse de ellas para someter a prueba un diseño de interior. Sería como catar queso tomando vino: igual que con vino cualquier queso puede resultar exquisito, cualquier rincón donde coloquemos una planta de manera acertada puede adquirir una belleza inmediata, aunque antes de colocar la planta en cuestión fuese un lugar sin el menor encanto.

En las plantas con flor el colorido es fundamental. La oferta de colores, tonos y matices es prácticamente ilimitada. Podemos optar bien por paletas de color armoniosas, jugando por ejemplo con gamas de rosa, lila y violeta, o bien por paletas altamente contrastadas, que salten del rojo al verde o del naranja al azul. Podemos combinar también plantas de un mismo colores pero de tamaños y formas diferentes, o ir más allá en el aprovechamiento del color para modificar la temperatura o incluso la carga emotiva del lugar, enfriando con tonos azulados o haciéndolo más cálido con colores anaranjados, apostando por la elegancia con flores de colores blancos y cremas, o por el dinamismo con el rojo más apasionado.

Las plantas de hoja no sólo son un complemento excelente de las plantas de flor, sino que poseen una incuestionable belleza por sí mismas. También en ellas el color es fundamental, pues más allá de las infinitas tonalidades de verde, pueden ofrecen colores, manchas y dibujos caprichosos. El crotón, por ejemplo, presenta casi todos los colores del arco iris, desde los nervios de rojos o amarillos de sus hojas hasta las franjas y manchas de distintos tonos de verde, amarillo, naranja y rojo que salpican sus hojas.

Pero incluso por encima del color, en el uso ornamental de plantas verdes, desde las colgantes hasta las suculentas, desde las trepadoras hasta los helechos, lo fundamental será saber aprovechar la rica variedad de formas y volúmenes que nos ofrecen para decorar nuestro hogar.

PLANTAS DE TERRARIO

El cultivo de plantas de terrario, además de ofrecer unos resultados ciertamente decorativos, reduce al mínimo el trabajo de mantenimiento. Las personas que deben permanecer a menudo varios días fuera de casa tienen en el terrario un recurso ideal, pues si bien su creación es una labor tan divertida como entretenida, una vez montados estos recipientes proporcionan un microclima constante, donde las plantas pueden autoalimentarse, así como un efectivo sistema de protección ante invasiones de parásitos gracias al aislamiento que crean las urnas de cristal.

Eso sí, para que en el interior de los terrarios las plantas se desarrollen sanas debemos haberlos diseñado teniendo en cuenta las necesidades de humedad y temperatura de las distintas especies, porque las plantas que deben compartir terrario deben tener idénticas necesidades. Otros dos aspectos de importancia son: atender al tamaño máximo que pueden alcanzar las plantas, que será proporcional a las dimensiones del terrario, y a su ritmo de crecimiento, de modo que evitemos que una planta crezca de manera desproporcionada limitando la vida de sus vecinas.

Hay que tener la precaución de colocar el terrario en un lugar luminoso, pero nunca expuesta a los rayos directos del sol, que quemaría las plantas con el efecto lupa del cristal.

Muchos terrarios suelen recrear las condiciones de humedad y temperatura de los ambientes selváticos, Entre las especies más apropiadas para ser cultivadas en terrarios se cuentan las variedades pequeñas de helechos, fitonias, ficus rastreros, violetas africanas, begonias de hojas pequeñas, selaginelas, marantas, pileas, carateas, pellonias y hiedras de hojas variegadas.

CÓMO HACER UN TERRARIO PASO A PASO

Para colocar las plantas en el terrario y proceder a su posterior cuidado se precisan unas herramientas especiales, que es posible fabricar en casa atando cubiertos de postre y otros objetos, como tapones de corcho, al extremo de un palo largo.

1 Cubrimos el fondo del recipiente con una capa de drenaje de unos tres centímetros de altura. Escogeremos un material que además de drenar bien tenga efectos decorativos, como la arena gruesa de río. A continuación extendemos una capa de sustrato ligeramente húmedo de unos cinco centímetros de espesor.

2 Tomamos las plantas de menor altura y las introducimos en la urna de cristal para su plantación, empezando por los laterales. A las plantas más altas y voluminosas les reservaremos el lugar central del recipiente.

3 Practicamos una hondonada en el terreno cada vez que vayamos a plantar una nueva planta, que después debemos cubrir y compactar para tapar las raíces. completada la plantación regaremos de manera moderada, despacio, con chorros de agua finos y dispersos.

Poner tutores

Muchos creen que la colocación de tutores debe limitarse a las plantas de gran expansión, como las especies trepadoras. Pero lo cierto es que son muchas más las plantas que agradecen la ayuda de guías que les ayuden a soportar el peso, las mantengan firmes ante el viento o las guíen en su recorrido.

Poner tutores es una acción delicada que hay que saber realizar con esmero, para no producir heridas en vara o raíces, y tan sólo cuando sea necesaria.

ENTUTORADO PRUDENTE

Si bien lo ideal es dejar que la naturaleza sigua su curso libremente, de tal modo que la planta pueda acomodarse a su gusto, sin envararla, no podemos pasar por alto que el uso de tutores es fundamental en muchos casos: bien para evitar que la planta se rompa, si es demasiado frágil o está situada en un lugar comprometido; bien para garantizar que la planta esté bien guiada en su crecimiento, evitando deformaciones; bien para conseguir que adquiera una forma determinada, sustituyendo el capricho de la naturaleza por nuestro propio capricho, o bien para que la planta pueda respirar satisfactoriamente, resolviendo los problemas de ventilación que puede ocasionar una frondosidad desigual y concentrada.

Si decidimos poner un tutor, hay que empezar por decidir el momento en que conviene colocarlo. Éste varía en función de la planta. En algunos tipos de plantas, como las trepadoras, hay que ponerlos en el primer momento; en el resto de plantas, los colocaremos en función del crecimiento. Lo mejor es colocarlo durante la plantación, porque así minimizamos el daño que podemos causar a las raíces. Cuando la planta crezca, si vemos que es necesario cambiar el tutor, lo colocaremos sobre los mismos orificios que deja su predecesor.

Si tenemos una planta sin tutor y vemos que lo necesita, o si consideramos que es preciso introducir un nuevo tutor, podemos aprovechar el trasplante para realizar esta acción. Tendremos que ir cambiando de altura las ataduras de la vara al tutor, para evitar que el sufrimiento del tallo se concentre en el mismo lugar. Si contamos con algún ejemplar de planta que llegue al techo, deberemos realizar anclajes en el techo o aprovechar alguna viga para mantener la planta recta.

Por otro lado, si nos animamos a convertir nuestro balcón o terraza en un pequeño huerto urbano, tendremos que considerar que algunas hortalizas precisan tutor desde que superan los 25 cm de altura. En estos casos será muy práctico el uso de anillos para entutorado, que se colocan en la base del tallo unidos por hilo de rafia a un gancho superior. El gancho, a su vez, reposa sobre un alambre o caña horizontal fijado a una altura de entre 1,80 y 2,40 metros. Este sistema resultará práctico y sencillo, por ejemplo, para la siembra de tomates.

PONER TUTORES PASO A PASO

Todos los tutores, salvo los enrejados de pared, se introducen en el sustrato. Elegiremos el tutor en función de la forma y tamaño de la planta y la textura del material.

1 Tutores rectos de bambú
Entre los tutores rectos, los más habituales son los de bambú. Para colocarlo se clava en el mantillo, a pocos centímetros del tallo, y con cuidado de no dañar las raíces: a la menor resistencia, hemos de cambiar de sitio. Luego hay que anudar varias veces a lo largo del tallo. Debemos anudar primero el cordón al tutor, pasarlo después por el tallo, y atar de nuevo al tutor. Aunque es bastante sólido, y proverbialmente flexible, el bambú puede llega a doblarse a pesar de todo cuando la planta es muy grande: sostiene un metro de planta o incluso metro y medio, si no hay demasiado follaje.

2 Tutores de otros materiales
Podemos encontrar tutores rectos de materiales diversos, como madera, metal o plástico. Si la planta es de dimensiones considerables, usaremos tutores de plástico o de metal cubierto de plástico. Son muy resistentes, pero poco estéticos mientras el follaje no llega a tapar el tutor. Para plantas de raíces aéreas o troncos volubles, como filodendros o potos, emplearemos un tutor de musgo, que da la humedad para que las raíces se agarren de manera óptima. La planta se coloca tras instalar el tutor, distribuyendo los tallos alrededor de este eje con varios puntos de sujeción.

3 Tutores de formas diversas
Si las plantas tienen varios troncos, habrá que disponer los tutores según la forma de la planta, ya sea en forma de abanico, en escalera o bien con formas arqueadas, a fin conducir las ramas en el sentido deseado. Los tutores de formas arqueadas son idóneos para hiedras o ficus trepadores. Guiaremos los tallos hacia uno de los lados y los ataremos a poca distancia para guiarlos correctamente. Para plantas como jazmines y buganvillas, lo más aconsejable son los enrejados, siempre que las diferentes varas estén bien separadas, para garantizar un aireamiento suficiente.

Plantas colgantes

Las plantas colgantes son una apuesta decorativa segura que nos permite volcar nuestra imaginación formando cascadas de formas y colores diversos con combinaciones y diseños únicos.

DISEÑOS DE CANASTAS
Los diseños más formales invitan a buscar la geometría de las formas con plantas de una misma altura que se repiten luciendo formas sencillas y guiando la vista hacia el centro. Los más informales potencian que las plantas, especialmente las trepadoras, se desarrollen de manera anárquica pero cuidada.

COLGAR CON ESTILO

Cualquier planta puede, en principio, colocarse en un soporte colgante, pero no todas las plantas lucirán igual en esa ubicación. Es decir, no toda planta que cuelga es una planta colgante. Para que pueda ser considerada como tal la planta debe tener cierto porte colgante y cumplir unos requisitos estructurales que garanticen que el desbordamiento y caída de sus hojas y flores va a realizarse con estilo. Esto sucede cuando la planta dispone de alguna parte de su morfología larga y laxa, que propicia que sus tallos blandos caigan libremente hacia el suelo.

Este grupo de plantas está formado por especies de formas y follaje muy variado con muchas posibilidades ornamentales. Algunas ofrecen el aspecto de fuentes naturales que surgen desde alfaguaras colgantes, otras crecen como cascadas desde sus macetas, otras reproducen la imagen de fuentes termales que brotan de surtidores situados en el interior del recipiente. En todos los casos se trata de reproducir en nuestros hogares la bella imagen que estas especies de plantas, como las litofitas o las epifitas, ofrecen en el medio natural, cayendo por paredes rocosas, por ejemplo, o desarrollándose sobre las ramas de los árboles.

Las plantas que entregan largos pedúnculos con hijuelos en los extremos, como la cinta, desempeñan también muy buen papel como colgantes, al igual que las que crecen en forma de roseta.

Además, podemos convertir en plantas colgantes otras especies, como las trepadoras y las rastreas, si modificamos sus condiciones de crecimiento, quitándoles a las primeras el tutor sobre el que se encaramaban o privando a las segundas de la una superficie sobre la que extenderse.

EL EMPLAZAMIENTO

Una de las ventajas de las plantas colgantes es el ahorro de espacio, pues en el interior de las casas no siempre hay sitio donde colocar tiestos, mientras que con plantas colgantes resulta más sencillo aprovechar cualquier zonas, pues al estar suspendidas no entorpecen el paso ni ocupan superficie aprovechable para otros cometidos. La plantas colgantes también juegan un papel clave si lo que buscamos es añadir altura.

Al elegir la maceta conviene evitar que sea demasiado pesada, para que el anclaje, ya sea en una estantería, ya en una barra de cortina, ya en una escarpia en el techo, no tenga que soportar una tensión excesiva, pues al peso del recipiente hay que sumar el del sustrato, el de la planta y el del agua de riego. Los recipientes más ligeros, por otro lado, como los cestos de mimbre, alambre revestido de esfagno, musgo o corteza, también resultarán visualmente más estéticos y realzarán el protagonismo a la planta. Deberemos escoger una ubicación protegida de las corrientes de aire y de los cambios bruscos de temperatura.

RIEGO Y CUIDADOS

Al estar suspendidas, las macetas son menos accesibles y regarlas se torna difícil. Éste es el mayor inconveniente que presentan las plantas colgantes. Sin embargo, no por ello podemos descuidar su riego, que debe ser especialmente frecuente, sobre todo en verano, porque en este tipo de recipientes hay menos espacio para las raíces. en este sentido, cuanto más espacio haya para sustrato en el recipiente, mejor. Además, las plantas colocadas en lo alto transpiran más agua que las que están en una maceta situada en el suelo, así que habrá que comprobar a menudo la humedad de la tierra por si se ha producido un secado más rápido del previsto.

Para proceder al riego podemos usar una regadera pequeña y de brazo largo, que facilite el acceso a la planta sin adoptar posturas incómodas. Pero después de regar puede haber goteo. Por ello lo más recomendable es efectuar el riego por inmersión, para lo que se debe descolgar la planta y sumergir su base en un recipiente con agua. En el mercado existen cestas de autorriego, que poseen una reserva de agua en la base. Al igual que ocurre con el agua, los nutrientes minerales se agotan con rapidez, por lo que convendrá fertilizar a menudo en el período de crecimiento activo. Otro aspecto que conviene cuidar en las colgantes es que crezcan tupidas y si remas desviadas. Para evitar los brotes que se apartan demasiado del bloque porque crecen buscando la luz, hemos de pinzar de vez en cuando y sujetar los tallos largos para darles volumen.

ESPECIES QUE CUELGAN BIEN

Existe una gran variedad de especies adecuadas para el cultivo colgante. Entre las de interior destacan la begonia, la saxifraga, el helecho canario, la hiedra, el ficus repens, el poto, el cuerno de alce, el culantrillo, la petunia surfinia, la cinta, el roiciso, el amor de hombre y el singonio. Por su parte, el geranio gitanilla, el loto, la fucsia, la lobelia, la boca de dragón, la campanilla, el mímulo, la columnea, la verbena y la vinca, entre otras, son plantas recomendadas para colgar en recipientes colocados en balcones y terrazas.

CANASTA DE INVIERNO
Una canasta con pensamientos, hiedra y brezo es una buena opción para el invierno, pues las tres son plantas fuertes que soportan bien el frío. Aunque los pensamientos florecen habitualmente en primavera y otoño, en lugares soleados y protegidos del frío, florecen también en invierno. La hiedra ayudará a cubrir el fondo de la cesta de verde intenso y el brezo aportará sus altas flores invernales al conjunto.

CANASTA DE PRIMAVERA
Es conveniente cubrir la canasta con hiedra, pues se trata de una hierba muy fuerte que soportará bien los bruscos cambios climáticos de la primavera. El centro de la cesta puede rellenarse con flores de tonos rojizos, rosados y blancos, como los pensamientos color crema, las margaritas rosadas y las anémonas de primavera en tonos rojizos y blancos.

Plantas trepadoras

Entre las plantas ornamentales destacan las trepadoras. Si bien es más frecuente, y casi imprescindible, su uso en exteriores, no cabe olvidar que plantadas en maceta pueden ofrecernos unas composiciones muy originales.

ROSAS DE PARED
Los rosales trepadores cuentan con unos tallos largos, que les permiten trepar por paredes, muros y todo tipo de soportes preparados, como pérgolas, vallas, arcos, columnas o celosías.

LA FACULTAD DE TREPAR

Como es lógico, lo que convierte una planta en trepadora es su capacidad para trepar.

La clasificación de plantas trepadoras tiene que ver precisamente con las modificaciones morfológicas que ha desarrollado la planta y los recursos que utiliza para elevarse sobre otras plantas y enredarse o sujetarse a distintos soportes, como árboles, rocas, muros, vallas, celosías o postes. Así es posible distinguir entre enredaderas, plantas adhesivas, trepadoras con espinas y con zarcillos:

Enredaderas

Son trepadoras de tallos volubles que se elevan enrollándose alrededor de los soportes. Cuentan para ello con unos tallos herbáceos, estrechos y flexibles, aunque también existan algunas de tallos leñosos, como las glicinias.

Entre las enredaderas más comunes se encuentran las madreselvas, las capuchinas, el jazmín chino, los solanos, las glicinas, las bignonias, las pandoreas y las campanillas. Una curiosidad es que la mayoría de estas plantas son zurdas, es decir, se enrollan en sentido contrario a las agujas del reloj.

Adhesivas

Son plantas que desarrollan pequeñas raíces aéreas mediante las cuales logran adherirse a las superficies por las que suben buscando la luz. No son raíces normales, sino adventicias, con forma filiforme y alargada, que pueden desarrollar ventosas para adherirse a superficies planas. Otras se sirven de unos brotes especiales, a modo de ventosas, producidos por sus tallos. La capacidad de sujeción de estas trepadoras es elevada incluso en lugares sin apenas agarre, como las paredes. En este grupo de plantas, no muy numeroso, se incluyen las distintas variedades de hiedras,

que resultan ideales para cubrir grandes muros. Otras adhesivas ilustres son las bignonias.

Con zarcillos y aguijones

Trepan gracias a unos órganos prensiles, los zarcillos, adaptados para enrollarse sobre algún asidero. Estas plantas crecen mejor sobre soportes dispuestos horizontalmente. Dentro de este grupo destacan las parras, los guisantes de olor, las pasionarias y las clemátides. Las trepadoras con espinas o aguijones se agarran a sus soportes gracias a unas prolongaciones en forma de espinas curvadas hacia abajo, a veces de consistencia leñosa, que surgen de sus hojas o de sus tallos. En este grupo de se incluyen los rosales, las buganvillas y varias especies de mimosa.

Existen estrategias menos difundidas, como el uso de ramas laterales con forma de ganchos, hojas cortantes o superficies de pelos rígidos que ayudan a las plantas a afirmarse sobre los soportes.

USOS Y CUIDADOS

Como dijimos anteriormente, el uso de estas plantas en exteriores es casi imprescindible, como elementos de transición entre el jardín y la casa, para tapar estructuras poco estéticas, para embellecer muros y barandillas, para convertir celosías y verjas en pantallas que protejan la privacidad, para proporcionar sombra y frescor a pérgolas y emparrados, etcétera.

Pero plantas tan bellas como la buganvilla o el jazmín blanco, convenientemente entutoradas, también pueden adaptarse al cultivo en macetas. Para ello hemos de guiar la planta desde el principio y practicar recortes y pinzamientos periódicos.

Al plantar las trepadoras se recomienda reducir su guía principal en una cuarta parte, porque así favoreceremos la ramificación desde la base y un aplanta más tupida.

¿TREPADORAS EN CASA?

El uso de estas plantas en interiores es más atrevido pero, por la misma, razón también más interesante y original si acertamos con la elección de la planta y de la estructura que lo soporte. En este sentido, en términos generales, hay que considerar que las plantas que posean floración intensa sólo podrán desarrollarse con éxito a pleno sol, mientras que las que presentan el follaje como su principal atractivo suelen preferir situaciones sombrías y soportar mejor la vida en interiores. Entre las trepadoras aptas para cultivar en macetas en interiores, que no resisten el pleno sol, destacan el filodendro, el clerodendro, la espuma de mar, los cisos y los roicisos, el ficus tapizante, el singonio, la flor de cera y el jazmín de Madagascar.

Decorar con flores

Las flores frescas son una de las creaciones más bellas de la naturaleza, y una vez cortadas, uno de los objetos más bonitos que existen. Flores y decoración forman una pareja inseparable.

TRUCOS PARA ALARGAR LA VIDA
Un truco tan extendido como efectivo para que las flores cortadas prolonguen su vida y belleza en un recipiente pasa por aplicar al agua ingredientes revitalizantes. Si bien existen en el mercado productos específicos, cumplirán perfectamente esta función tanto las socorridas aspirinas, como unas cucharadas de azúcar o unas pocas gotas de lejía.

CORTAR FLORES Y RAMAS

Por su colorido, sus formas, sus texturas, sus aromas, su capacidad de transmitir alegría y vitalidad a tipo de ambientes, así como las más diversas emociones, la flor es percibida por el ser humano como el ser, o el objeto, bello por excelencia.

El primer momento de la decoración con flores es su adquisición. Podemos comprarlas a granel en floristerías especializadas recogerlas nosotros mismos en el campo o en nuestra terraza o jardín. En este segundo caso hay que tener presente que la recogida debe ser selectiva y respetuosa con el medio y con la planta. Para lograrlo conviene que hayamos planificado previamente qué flores deseamos y qué uso les vamos a dar. De este modo evitaremos coger más flores de la cuenta, perjudicando el desarrollo normal de la planta, o tipos de flores para las que después no vamos a encontrar ubicación.

Las flores hay que recogerlas antes de que estén totalmente abiertas, pues en caso contrario perderán los pétalos con facilidad, y una vez cortadas podemos meterlas en una bolsa de plástico para que conserven su humedad hasta que las hayamos introducido en agua. No obstante, si va a pasar bastante tiempo antes de realizar el arreglo floral, será mejor que las introduzcamos en un cubo de agua.

CUIDADOS DE FLORES CORTADAS

Los cuidados destinados a las flores cortadas van orientados a lograr que se mantengan frescas y lozanas en sus recipientes durante el mayor tiempo posible. Dos son las intervenciones básicas que están en nuestras manos para lograrlo: preparar correctamente los tallos y garantizar una buena rehidratación de las flores.

Al preparar los tallos, además de quitar las hojas secas, hemos de tener en cuenta que las de la parte inferior del tallo también deberán ser eliminadas para evitar que se pudran si entran en contacto con el agua. En los tallos de flores delicadas, como las lilas, conviene que eliminemos las hojas para reducir la pérdida de agua. Las flores de bulbo, como los tulipanes, tienen una parte blanquecina en el extremo de los tallos, que hay que cortar porque impide una correcta absorción del agua. Para un mantenimiento adecuado tomaremos la precaución de cortar con frecuencia los tallos.

En cuanto a la correcta hidratación, la norma general es que los tallos se sumerjan en agua hasta un tercio de su longitud, menos las flores de tallos huecos, que no deben sumergirse más de diez centímetros o pueden pudrirse. Si se trata de flores de temporada no podremos olvidarnos de cambiarles a menudo el agua. Una buena práctica para que las flores cortadas aumenten su capacidad de absorción consiste en sumergir primero su tallo en agua caliente e introducirlo a continuación en agua fría.

CORTE DE TALLOS PASO A PASO

Para prolongar la belleza y duración las flores cortadas, uno de los aspectos que más debemos cuidar es la forma de cortarlas.

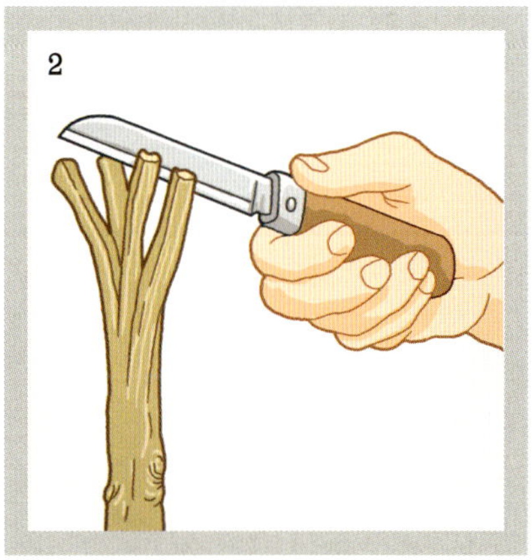

1 Para facilitar a la flor la absorción de agua del recipiente, realizaremos un corte fino y diagonal en la base del tallo. Además así la flor podrá pincharse mejor en caso de que empleemos espuma en el arreglo.

2 Si los tallos son duros y leñosos, con el mismo objetivo de ayudar a la flor a recoger más agua practicaremos unos cortes de dos o tres centímetros de profundidad.

3 Del tallo puede emana una savia lechosa cuando se cortan. Para cerrar la herida podemos cortar el flujo sumergiendo el tallo en agua caliente o acercándole una llama.

4 Algunas especies, como los claveles, presentan tallos huecos. En estos casos, para evitar que se formen burbujas de aire en su interior los cortaremos dentro del agua.

PODAR EN LUGAR DE CORTAR

Una manera sostenible de crear adornos florales con flores cortadas es aprovechar las flores y ramas sobrantes de una poda ligera o de aclareo. Así elegiremos para cortar las ramas de orientaciones indeseables o las que se crucen hacia el interior entorpeciendo el crecimiento homogéneo de la planta.

FLORES SECAS

Con flores secas podemos elaborar centros de mesa, cuadros con flores, decoración de objetos o saquitos para aromatizar ambientes o armarios. De hecho la decoración con flores secas ha sido considerada por muchas culturas como un arte a lo largo de los siglos.

El primer paso es la recogida de las flores y tallos. Para ello debemos informarnos primero sobre las especies que están protegidas por ley, y a continuación tener presente que no es apropiado recoger todos los ejemplares que nos interesan dentro de una zona pequeña, pues limitaríamos su capacidad de reproducción. Además, no debemos arrancar las flores de raíz, sino cortar sus tallos con unas tijeras de podar o un cuchillo, de la misma manera que podaríamos nuestros ejemplares para facilitar el rebrote la temporada siguiente.

El mejor momento para la recolección se da a mediodía y sus horas posteriores de un día soleado. No es aconsejable hacerlo a primera hora de la mañana, pues la presencia de rocío aporta a la flor una humedad superior que podría

CÓMO SECAR FLORES PASO A PASO

El proceso de secado, en el fondo, no es más que un deshidratado de las flores. Para ello debemos colgar las flores en un lugar seco y aireado y dejar que el aire cumpla su función.

1 Tras eliminar los tallos dañados, escogeremos una media docena de tallos con las mejores flores para formar un ramo, y los sujetaremos con una goma o una cuerda delgada.

2 Cortaremos a continuación un hilo de alambre para atar el manojo, dejando un extremo libre lo bastante largo como para que sirva de lazada para colgar. Si colgamos distintos manojos a secar en una misma barra o percha, tendremos la precaución de ponerlas a diferentes alturas para que el aire circule con mayor libertad entre ellos y así los seque más deprisa.

3 Al cabo de unas tres semanas, aproximadamente, las flores estarán secas. Una vez comprobado que se han deshidratado, podremos guardarlas a la espera de su uso decorativo. Para ello las colocaremos en una caja forrada con papel de seda, en capas alternas y con las cabezas enfrentadas.

pudrirlas en su secado. Por esa misma razón no la llevaremos a cabo después de lluvias o nevadas. Y si la recogida es en nuestro jardín, será recomendable no haber regado algunos días antes. Es preferible cortar un tallo largo, porque si nos quedamos cortos deberemos alambrar el tallo antes de colgarlo dado que una vez seca la flor es mucho más quebradiza. Por lo que respecta a la planta, el momento más adecuado para realizar la recogida es cuando el capullo está recién abierto, pues alcanzará la apertura total una vez esté colgada.

MÉTODOS PARA SECAR FLORES

Colgadas hacia abajo

Retiramos las hojas del tercio inferior del tallo y todas las que estén dañadas. Las atamos en ramilletes de 5 a 10 flores con diferentes alturas. Las colgamos boca abajo en un sitio oscuro y ventilado. Tres semanas después las flores estarán secas. Esta es la forma tradicional de secado pero no es la adecuada para ramas.

Extendidas en horizontal

Sólo debemos extender las flores en una superficie horizontal y plana sobre papel, cartón, madera o una parrilla porque permiten la circulación del aire. Las flores, no deben estar en contacto unas con otras. Es un sistema recomendable para helechos, setas o musgos porque conserva muy bien la forma y el color.

Con gel de sílice

Este método permite secar cualquier flor por delicada que sea por eso es la mejor opción para plantas como tulipanes, pensamientos, dalias o gerberas que no secan al aire. Además, el gel de sílice ofrece un resultado final muy natural. Se puede comprar en droguerías y debe controlarse muy bien el tiempo de secado porque una sobreexposición al calor podría quemarlas y subexposición puede dañarlas irremediablemente. Para una óptima dispersión es recomendable reducir el material casi a polvo. Después esparciremos un capa de 7 cm de espesor de cristales de sílice en un recipiente con tapa preferiblemente de cristal o metal. Colocaremos las flores sobre la capa de sílice y las cubriremos completamente intentando colar la máxima cantidad de cristales posibles entre los pliegues y pétalos. Tapamos el recipiente y lo dejaremos en un lugar seco. En un máximo de siete días veremos que el gel está rosa y las flores tienen tacto de papel. El gel estará listo para ser utilizado de nuevo cuando presente un color azulado.

Con glicerina

Este método tiene su base en la substitución del agua propio de la planta por glicerina. Su ventaja frente al secado tradicional es que el resultado no es una flor rígida y frágil sino flexible. Se puede aplicar sin problemas sobre flores pero éstas pueden quedar oscurecidas o satinadas por lo que es más recomendable para hojas y ramas. Podemos adquirirla en farmacias y tiendas de manualidades en estado puro o en mezcladas con agua, listas para utilizarlas. Se lleva a cabo sumergiendo las ramas en un recipiente con glicerina diluida en agua a partes iguales. Al sacarlas de la glicerina hay que lavarlas con jabón y secarlas rápidamente.

En horno y microondas

Es el sistema más indicado si no disponemos de mucho tiempo dado que es el más rápido. El horno se debe calentar y mantener a 70 grados, colocar entre una y tres flores dependiendo del tamaño y dejar la puerta entreabierta. Las flores estarán listas cuando las veamos secas. Si utilizamos el microondas es preferible hacer una prueba con una muestra para ajustar la potencia y el tiempo que mejor resultado proporcionan. En el momento de colocarlas lo haremos sobre una bandeja en cuya base pondremos un papel absorbente. Debemos vigilar en todo momento el proceso porque pueden generarse chispas que acaben prendiendo fuego.

Guía de plantas de interior

6

CALENDARIO DE ACTIVIDADES MES A MES	
ENERO	• Adquirir plantas de floración invernal, como azaleas, fresias, heléboros y prímulas. • Aislar las plantas tanto del frío exterior como de las fuentes de calefacción. • Controlar las plantas que pasan por un período de descanso y procurarles el ambiente que necesitan para hibernar. • Inspeccionar las plantas en busca de parásitos u hongos.
FEBRERO	• Trasplantar las plantas de tubérculo, como las begonias. • Colocar las macetas en un lugar cálido y bien iluminado para que reciban suficiente luz solar. • Aumentar la cantidad de riego cuando las plantas empiecen a brotar. • Sembrar las especies anuales y colocarlas en un lugar cálido y bien iluminado. • Pulverizar con agua sin cal a las plantas que permanezcan en habitaciones caldeadas de ambiente seco. • Comprar las plantas de flor de floración primaveral para el balcón. • Podar las plantas que han hibernado. • Iniciar el cultivo de las flores de verano de germinación lenta. • Podar los geranios que producen tallos largos y débiles.
MARZO	• Comprar los bulbos y plantas que florezcan en primavera. • Colocar en pequeñas macetas las plantas que haya sembrado durante el invierno. • Aumentar el riego en las plantas que están empezando a crecer y aportarles abono. • Empezar a cultivar en semilleros las plantas de primavera. • Colocar las plantas de jardinera en un lugar algo más caliente y vigilar la aparición de posibles parásitos. • Distribuir las macetas para la plantación de primavera.
ABRIL	• Cortar a nivel de las raíces las plantas que queremos reproducir y plantarlas en pequeñas macetas. • Efectuar los últimos trasplantes. • Comprobar las condiciones del balcóno terraza para impedir que el sol de mediodía dañe las plantas. • Poner las plantas de jardinera y las macetas al aire libre cuando haga buen tiempo para que empiecen a aclimatarse. • Abonar las plantas de jardinera que han hibernado y regarlas más a menudo. • Separar las plántulas que hayan germinado, que serán las más fuertes.
MAYO	• Cortar esquejes de plantas de flor y plantarlos para que arraiguen. • Elegir flores para el balcón, el patio y la terraza. • Comprar y trasplantar las macetas con flores. • Organizar las plantas colgantes y las trepadoras y darles forma. • Plantar en días de cielo tapado, para que las plantas jóvenes no sufran por el sol directo. • Trasladar todas las plantas de jardinera al exterior.

CALENDARIO DE ACTIVIDADES MES A MES	
JUNIO	• Trasplantar los esquejes que hayan enraizado y buscar un sitio para las plantas jóvenes. • Regar y abonar uniformemente las plantas que están en pleno crecimiento. • Respetar el reposo estival de los ciclámenes sin regarlos ni abonarlos. • Colocar las plantas verdes bajo la lluvia siempre que sea posible. • Eliminar los tallos y las flores que ya estén marchitos. • Mejorar la ubicación de las plantas en función del sol y la nueva orientación de la luz. • Cortar esquejes y multiplicar las plantas que permitan esta forma de propagación.
JULIO	• Fertilizar las plantas de flores o de hojas ornamentales. • Regar, abonar y limpiar las plantas regularmente. • Tomar medidas para que las plantas sigan estando cuidadas durante nuestras vacaciones. • Regar dos veces al día si es necesario.
AGOSTO	• Proteger las plantas de la radiación solar directa durante el mediodía. • Hidratar las plantas colocando en agua las que tengan las raíces demasiado secas. • Eliminar las flores y los frutos marchitos, ya que consumen demasiada energía de la planta. • Planificar y elegir las plantas de otoño. • Pulverizar agua con frecuencia sobre las plantas que más humedad necesitan.
SEPTIEMBRE	• Trasplantar a su recipiente definitivo las plantas obtenidas a partir de esquejes. • Disminuir la frecuencia de abono de las plantas de maceta. • Preparar los refugios de invierno para las plantas de terraza y balcón. • Plantar los bulbos que deberán florecer la próxima primavera. • Plantar flores de otoño, hierbas y plantas de hoja perenne.
OCTUBRE	• Colocar los ciclámenes flor en algún lugar fresco. • Meter en casa las plantas que han estado al aire libre en verano, lavarlas bajo la ducha y aclimatarlas de nuevo a la temperatura interior. • Entrar en casa por la noche las flores de otoño delicadas y proteger las que van a pasar el invierno al aire libre. • Extraer los bulbos de las begonias y las dalias y dejarlos secar.
NOVIEMBRE	• Comprar plantas que florezcan en invierno. • Colocar en vasos los bulbos de jacintos para que empiecen a arraigar. • Poner los cactus en un lugar bien iluminado.
DICIEMBRE	• Pulverizar con frecuencia y regar poco, comprobando antes siempre la humedad del sustrato. • Protejer las plantas de las heladas y de las corrientes de aire frío. • Planificar la plantación o adquisición de plantas de primavera. • Controlar que las plantas en hibernación no se sequen del todo.

RIEGO | EXPOSICIÓN AL SOL | ALTURA

Abutilón

UNA VEZ POR SEMANA; EN VERANO: CADA 2 DÍAS | A PLENO SOL, MEDIA SOMBRA EN VERANO | DE 50 A 70 CM

El abutilón (*Abutillon megaponticum*) es una planta trepadora de la familia de las Malváceas, originaria de Brasil. Presenta vistosas flores en forma de farolillos de color rojo.

DESCRIPCIÓN

Es una planta trepadora de ramas largas y flexibles y de hoja perenne, que puede alcanzar los 1,5 m de altura en su hábitat natural. En macetas no suele superar los 70 cm.

Puesto que es una planta de climas tropicales, es ideal colocarla en un lugar orientado hacia el sur.

CUIDADOS

Exige un suelo húmedo y un riego regular, aunque hay que evitar los encharcamientos. Necesita crecer en un lugar soleado en un balcón o muy bien iluminado en el interior. En verano hay que evitar que le dé el sol de manera directa en las horas centrales del día. Aguanta bien temperaturas frías e incluso las heladas suaves, pero hay que protegerla si ésta desciende por debajo de los - 5 °C.

FLORACIÓN

Florece durante todo el año, aunque la floración es más intensa en otoño, invierno y primavera. Da pequeñas hojas de color rojo que forman elegantes composiciones.

Alegría de la casa

ABUNDANTE | MEDIA SOMBRA | DE 15 A 40 CM

La alegría de la casa (*Impatiens walleriana*), también conocida como alegría del hogar o miramelindo, es una planta de flor originaria de India y China. Presenta vistosas flores rojas, rosas y blancas.

DESCRIPCIÓN

Es una planta de flor de tamaño pequeño y de hoja perenne. Sus delicadas flores de pétalos en forma de corazón pueden ser de color rojo, rosa y blanco. Este tipo de plantas son ideales para formar unos vistosos conjuntos florales.

CUIDADOS

Necesita mucha luz aunque hay que evitar el sol directo. Podemos tenerla en el interior o en un balcón. Si la cultivamos en el exterior es preferible un lugar semisombrío. Exige un suelo constantemente húmedo y muy rico en nutrientes. Los riegos tienen que ser abundantes y tenemos que abonarla cuando las hojas pierdan color o se reduzca la floración.

FLORACIÓN

Florece durante todo el año, dando vistosas y alegres flores de vivos colores blancos y rosados.
Si abonamos con frecuencia el sustrato, presentará flores de manera continua.

Alocasia

ABUNDANTE

SEMISOMBRA, NUNCA SOL DIRECTO

DE 100 A 500 CM

La alocasia (*Alocasia amazonica*), también conocida como oreja de elefante o colocasia, es una planta de grandes hojas originaria de la Amazonia, muy apreciada por su porte majestuoso.

DESCRIPCIÓN

Es una planta de follaje verde con rayas de colores blanquecinos en el haz de las hojas y color granate en el envés.

CUIDADOS

Requiere mucha luz, pero sin exponerla directamente al sol. Necesita agua abundante y una tierra constantemente húmeda.

Hay que mantener una temperatura cálida constante, entre 20 y 25 °C. Podemos abonarla una vez por semana para que el tamaño y brillo de las hojas sea el adecuado. Conviene cambiarla de maceta a los dos años de ser plantada.

MULTIPLICACIÓN

Se reproduce por división de los tubérculos en primavera o separación de vástagos.

PRECAUCIONES

Es una planta tóxica para los seres humanos y los animales. El látex que brota de sus hojas al cortarlas puede producir irritación en la piel.

Amarilis

UNA VEZ POR SEMANA; EN VERANO:DOS O TRES VECES POR SEMANA

SEMISOMBRA, ALGO DE SOL DIRECTO

DE 40 A 60 CM

El amarilis (*Hippeastrum x ackermannii*) es una planta bulbosa originaria de América Central, del Sur y el Caribe. Presenta un elegante porte, con bellas flores rojas, rosas y blancas en forma de trompeta.

DESCRIPCIÓN

Es una planta bulbosa que presenta uno o dos tallos gruesos. En los extremos de los tallos surgen tres o cuatro flores en forma de trompeta, generalmente de color rojo, aunque hay variedades con colores blancos y rosas.

CUIDADOS

Exige un sustrato húmedo, especialmente durante el periodo de floración. Posteriormente, hay que abonarla de manera periódica para que tenga un vigoroso crecimiento.

Después de la floración, podemos trasplantar el bulbo a una maceta mayor y colocarlo en una terraza, al aire libre. Necesita un lugar fresco y semisombreado.

FLORACIÓN

El periodo de floración es de un mes, aunque puede durar algo más si la planta está bien cuidada. Florece en primavera y hasta principios de verano. En el interior, podemos forzar la floración en invierno.

Ananás

ABUNDANTE

MEDIA SOMBRA

DE 60 A 70 CM

Es conocida también como piña tropical, ananaz, nanaz, piña de América y piña de Indias. Existen 8 especies. Fue descubierta en la isla de Guadalupe, donde los aborígenes la llamaban *nana*.

DESCRIPCIÓN

Posee una roseta abierta formada por largas y rígidas hojas en forma de espada. La variedad *Ananas comosus* o *Variegatus*, que se emplea como especie ornamental del hogar, tiene los márgenes de las hojas amarillentos.

CUIDADOS

Admite algo de sol directo y es recomendable colocarla sobre guijarros para crear un ambiente húmedo, en especial cuando haga mucho calor. Las hojas deben ser pulverizadas dos veces por semana en esta época y la regaremos de forma generosa. Es aconsejable cambiarla de maceta cada 2 años y abonarla cada 2 semanas desde mayo a agosto.

PROPIEDADES Y MULTIPLICACIÓN

Debemos aprovechar los retoños que aparecen en la base de la ananás para conseguir nuevos ejemplares, ya que la planta se muere tras la fructificación. Otra posibilidad consiste en obtener una nueva planta a partir del penacho de hojas apicales del fruto. La piña se emplea en muchas dietas.

Anturio

UNA VEZ POR SEMANA; EN VERANO: TRES VECES POR SEMANA

MEDIA SOMBRA

DE 40 A 60 CM

El anturio (*Anthurium scherzerianum*) es una planta originaria de las regiones tropicales de América del Sur, muy apreciada como planta ornamental.

DESCRIPCIÓN

Es una planta bulbosa de hoja perenne, que presenta un follaje de color verde brillante y unas inflorescencias verticales u oblicuas de colores blanco, rosa y rojo.

CUIDADOS

Requiere un lugar muy bien iluminado, pero hay que evitar que reciba los rayos directos del sol porque le produciría quemaduras. Necesita una temperatura uniforme, entre 15 y 25 °C, y un ambiente húmedo cuando haga calor. La podemos abonar una vez cada 15 días con un fertilizante líquido durante primavera y verano. Exige agua abundante y de manera regular, pero casi es más importante la humedad del aire que el riego. Podemos pulverizar con agua el ambiente.

MULTIPLICACIÓN Y FLORACIÓN

Se reproduce cortando el rizoma de la planta. Florece durante todo el año. Presenta unas inflorescencias rojas, rosas o blancas en forma vertical u oblicua.

Aralia

CADA 7 DÍAS, EN VERANO: CADA 3 DÍAS

SOMBRA

DE 80 A 100 CM

La aralia (*Fatsia japonica*) es un arbusto originario de Japón, aunque se considera también una planta de interior. De aspecto delicado, en realidad es muy resistente y adaptable.

DESCRIPCIÓN

Esta planta constituye un género que incluye 20 especies procedentes de Asia, América y Australia. Aunque es considerada como una planta de interior, en realidad es un arbusto. A pesar de que parece por sus hojas exóticas y de grandes dimensiones una planta delicada, es en realidad muy resistente. La mayoría florece poco.

CUIDADOS

Le gusta la sombra y, en caso de ser plantada al sol, las hojas sufren quemaduras. Requiere de un sustrato rico y un poco húmedo. La temperatura óptima es de 16 a 21 °C. Con el frío es aconsejable protegerla con una cubierta de plástico y un poco de turba en la base. Conviene mantener constantemente húmedo el sustrato. La poda no es necesaria y únicamente se puede realizar en primavera para evitar que crezca demasiado.

MULTIPLICACIÓN

Se reproduce por esqueje a partir del corte de sus tallos.

Ardisia

MEDIO

SOMBRA O MEDIA SOMBRA

DE 50 A 100 CM

Es un arbusto apto para el hogar siempre que no haya demasiado frío. Es conocida por sus frutos rojos y posee más de 500 variedades. Las más comunes son la crenata (se cultiva en el hogar) y la crispa.

DESCRIPCIÓN

Esta planta puede alcanzar 1 m de altura. Posee hojas perennes y de color verde oscuro. Presentan dientes redondeados y flores muy aromáticas en forma de estrella. Sus típicos frutos de color rojo se forman entrado el otoño y duran casi todo el invierno.

CUIDADOS

Debemos colocarla cerca de la ventana y evitar el sol fuerte. Prefiere un interior fresco sin calefacción. Hay que pulverizar a menudo el follaje y regarla de forma frecuente en verano y escasa en invierno. La abonaremos una vez en primavera y verano. Si queremos que dé frutos es aconsejable frotar suavemente las flores con un pincel fino para mejorar la polinización.

FLORACIÓN Y MULTIPLICACIÓN

Se propaga por esquejes en primavera o en verano y también por semillas, que se pueden obtener en invierno de las bayas, cuando están maduras, y se siembran inmediatamente. Su floración se produce a finales de primavera o principios de verano.

Areca

UNA VEZ CADA DOS SEMANAS; EN VERANO: DOS VECES POR SEMANA

MEDIA SOMBRA

DE 150 A 300 CM

La areca (*Chrysalidocarpus lutescens*), también conocida como palmera amarilla, es originaria de Madagascar. Es muy apreciada como planta de interior por sus elegantes hojas en forma de palma.

DESCRIPCIÓN

Planta de tallos alargados en forma de cañas y hojas verdes de gran tamaño, que crecen de modo vertical y presentan un aspecto semejante a una palmera, puede alcanzar hasta los 2 m de altura en una maceta.

CUIDADOS

Requiere un lugar muy bien iluminado, sin sol directo. Necesita mucha agua y un riego abundante, con el sustrato siempre húmedo. Es recomendable cultivarla en una hidrojardinera, de manera que siempre disponga de suficiente agua para su desarrollo. Exige un lugar cálido y húmedo. Podemos pulverizar el ambiente con agua con frecuencia. Hay que abonarla cada 2 semanas en primavera y verano.

MULTIPLICACIÓN

Se reproduce por semillas o división de mata. Tras la germinación de la semillas, debemos separarlas unos 20 cm para favorecer su crecimiento. Otro método consiste en separar hijuelos enraizados.

Aspidistra

UNA VEZ CADA DOS SEMANAS

SOMBRA O MEDIA SOMBRA

DE 30 A 40 CM

La aspidistra (*Aspidistra elatior*), también conocida como hojas de salón u hoja de lata, es una planta originaria de China, que se caracteriza por la frescura y frondosidad de su follaje.

DESCRIPCIÓN

Es una planta herbácea de follaje verde perenne, con hojas que presentan una forma alargada y un color verde brillante. Presenta pequeñas flores de color azul o violeta.

CUIDADOS

Exige poca luz, lo que permite colocarla en macetas en rincones y pasillos, donde otras plantas no resistirían. Debe regarse con moderación y disminuir el riego en invierno, hasta incluso detenerlo. Aunque toleran el aire seco es conveniente rociar las hojas una vez por semana. Es una planta muy resistente, que en general no requiere demasiados cuidados y aguanta bien con poca agua y en ambientes secos.

MULTIPLICACIÓN Y FLORACIÓN

Para obtener nuevos ejemplares de aspidistra tenemos que dividir la mata de la planta. Florece al final del verano.

Azalea

ABUNDANTE, CADA DÍA

MEDIA SOMBRA, LUZ INDIRECTA

DE 50 A 120 CM

La azalea (del género *Rhododendrum*), también llamada rododendro, es un arbusto de flor originario de China, donde se cultiva en jardines desde hace siglos y es considerada uno de las plantas más exquisitas y preciadas. Existen más de 700 variedades de esta planta de preciosa y abundante floración en color fucsia. Aunque en realidad es una planta de exterior, puede utilizarse en interior si se sitúa en un lugar fresco y se la mantiene bien hidratada. Aunque es una flor exigente y delicada, si la cuidamos bien nos permitirá disfrutar de sus bellas flores año tras año.

DESCRIPCIÓN

Se trata de un arbusto caduco de follaje muy ramificado que puede llegar a medir 3 m de altura. Sin embargo, plantada en maceta, ofrecerán un tamaño mucho menor que suele oscilar entre los 50 y los 120 cm. Tiene tallos leñosos que culminan en una frondosa copa redondeada de hojas elípticas y brillantes. Sus flores acampanadas, de textura delicada, suave y aterciopelada, pueden ser de color blanco, violeta, naranja o rosado dependiendo de la variedad.

CUIDADOS

Requiere un suelo ligeramente ácido, con buen drenaje y muy rico en humus. El riego es clave para su desarrollo: necesita agua abundante y de forma frecuente, pero sin llegar nunca a encharcarse (es mejor utilizar agua mineral o de lluvia, pues es muy vulnerable a la cal).

Necesita mucha iluminación, pero sufre a pleno sol, por lo que es preferible situarla en un ambiente con luz indirecta. Además, puesto que exige mucha humedad, conviene colocarla en un lugar fresco y sin excesiva calefacción (no tolera la sequedad del aire).

En cambio, resiste el frío y las heladas moderadas, por lo que es adecuada para balcones y terrazas. Es conveniente que la maceta sea de barro, ya que este material favorece el buen drenaje de la planta y una mejor transpiración de las raíces. Además, se debe tener en cuenta que la floración de la azalea será más abundante si las raíces están apretadas, por lo que es mejor escoger una maceta algo pequeña. Debe podarse cada año, tras la floración.

FLORACIÓN

La floración se produce en primavera, entre mayo y abril, y también en invierno, siempre que el ambiente en que esté situada sea cálido.

Da lugar a flores muy abundantes, a menudo de gran tamaño, y de delicados tonos rosados y malvas.

Es recomendable descabezar las flores marchitas para potenciar una nueva floración.

PERIODO DE DESCANSO

Puesto que la azalea es en realidad una planta de exterior, conviene darle un período de descanso después de la floración. Debe añadirse sustrato ácido a la maceta y sacar la planta a la terraza o balcón, en un lugar donde dé algo de sombra.

Llegado el otoño, cuando salgan los nuevos capullos, podremos volver a colocarla en el interior.

Bambú de la suerte

MEDIO

MEDIA SOMBRA

DE 10 A 30 CM

La drácena sanderiana o *lucky bamboo* (*Dracaena sanderiana*) procede de África, aunque su cultivo está muy extendido en Oriente. Los chinos las regalan cuando alguien se compra una casa nueva.

DESCRIPCIÓN

Se trata de una especie estilizada que debe su nombre a la forma de su vara, aunque no tiene nada que ver con el bambú más allá de su similitud.

CUIDADOS

Dentro de la casa, el bambú de la suerte se mantiene de forma extraordinaria con unos cuidados muy básicos. Puede aguantar perfectamente la sombra, aunque crecerá mejor con algo de luz.

La mayor precaución que debemos tener es controlar bien la cantidad y el nivel de líquido en los que están sumergidas las varas. El recipiente en el que las coloquemos deberá llenarse hasta el punto de que las raíces queden cubiertas.

USOS Y MULTIPLICACIÓN

Es muy sencillo hacer crecer un brote de bambú, todo lo que se necesita es un tallo de esta especie, un poco de agua y un recipiente. Se trata de una planta de decoración de estilo minimalista o zen que se está extendiendo en Europa.

Begonia

CADA DOS SEMANAS; VERANO: CADA SEMANA

SOMBRA O MEDIA SOMBRA

DE 15 A 30 CM

La begonia (*Begonia rex*), originaria de regiones tropicales, es una de las especies de interior más atractivas y llamativas, y destaca sobre todo como planta ornamental.

DESCRIPCIÓN

Se trata de una planta vivaz con grandes hojas en forma de corazón y atractivos dibujos de diversos tonos y colores, como el rosa, morado, crema y oscuro.

CUIDADOS

Requiere un lugar húmedo y semisombrío, y hay que evitar su exposición directa al sol.

Exige un sustrato rico y bien drenado, apto para evacuar el agua del riego, que debe ser abundante durante el verano. En invierno conviene protegerlas del frío.

Podemos abonarla con fertilizante líquido incluido en agua, al menos una vez al mes.

MULTIPLICACIÓN Y FLORACIÓN

Crece a partir de bulbos, aunque también existen vivaces que se cultivan a partir de semillas.

También se reproduce por esquejes de hoja y de raíz después de la floración. Florece de manera puntual. Sus flores, a diferencia de otras especies de begonias, no son especialmente atractivas.

Bilbergia

MEDIO-POCO | MEDIA SOMBRA | DE 30 A 50 CM

La lágrimas de reina o avena de salón *(Billbergia nutans)* es originaria de Brasil y comprende unas 50 variedades nativas de Sudamérica y Centroamérica.

DESCRIPCIÓN

Esta especie puede alcanzar los 50 cm de altura y posee gruesas matas de hoja acintadas de color verde olida y brillantes que pueden enrojecerse por el efecto del sol.

CUIDADOS

Debemos evitar exponerla al sol directo para que no se queme. Resiste como mínimo 10 °C y es conveniente regarla cada 10 o 12 días, menos en invierno, cuando hay que mantener el sustrato casi seco. Prefiere suelos no calizos y bien drenados. Para favorecer su crecimiento podemos abonarla cada dos o tres semanas durante primavera y verano y pulverizar con agua sin cal. Es recomendable cambiarla de maceta en primavera cuando la mata se haga demasiado voluminosa.

FLORACIÓN Y MULTIPLICACIÓN

A finales de invierno produce delicadas inflorescencias que duran poco tiempo. Desarrolla unos pequeños hijuelos en la base que podemos aprovechar para multiplicarla, separándolos en primavera o después de la floración.

Cactus erizo

ESCASO | MEDIA SOMBRA | DE 30 A 50 CM

El asiento de suegra, grusoni, equinocactus, bola de pro, barril de oro, cacto erizo, cactus erizo o cojín de suegra (*Echinocactus grusonii*) es originario del centro de México.

DESCRIPCIÓN

Presenta tallo globular y generalmente solitario, aunque de los ejemplares adultos pueden brotar vástagos basales. Es de color verde brillante, con el ápice aplanado. Tiene entre 21 y 37 costillas rectilíneas, prominentes y delgadas, que no llegan a apreciarse en los ejemplares más jóvenes, ya que están divididas en tubérculos cónicos. Las areolas presentan lanosidad amarilla cuando la planta es joven, luego blanquecina y por último grisácea.

CUIDADOS

Esta planta, de crecimiento lento, debe ser colocada en un lugar luminoso, aunque se puede quemar por el sol. Prefiere suelos de arena gruesa. La regaremos regularmente en verano, aunque nunca de forma abundante, y escasamente en invierno. Cultivado en el interior, raramente florece.

MULTIPLICACIÓN Y USOS

La propagación se realiza generalmente mediante semillas. La germinación tiene lugar entre 5 y 7 días. Puede ser un elemento decorativo muy original en el hogar.

Cactus de Navidad

El cactus de Navidad (*Schlumbergera buckleyi*) también conocido como cactus de Pascua o cactus de Santa Teresita, es una planta originaria de Brasil, muy apreciada como planta ornamental por su bonita y delicada floración.

DESCRIPCIÓN

Es una planta cactácea de tallos planos formados por segmentos con bordes dentados. Sus hojas son de color verde oscuro, y en el extremo presenta pequeñas flores de color rosa, rojo y blanco.

CUIDADOS

Necesita mucha luz, aunque hay que evitar el sol directo. Debemos regarla con frecuencia cuando se halla en período de floración. El resto del año hay que reducir el riego, e incluso detenerlo durante un par de meses justo después de la floración.

Requiere un ambiente cálido, con una temperatura media que oscile entre los 15 y los 20 °C. Si lo cultivamos en el exterior, hay que tener cuidado con las heladas.

MULTIPLICACIÓN Y FLORACIÓN

Se reproduce por esqueje, injerto o semilla y su época de floración tiene lugar durante el invierno.

Caladio

El corazón de Jesús, oreja de elefante o paleta de pintor (*Caladium bicolor*) es una especie difícil de cultivar. Es originaria de Sudamérica.

DESCRIPCIÓN

Son plantas herbáceas con tubérculos. Las hojas son radicales y pueden medir hasta 60 cm de longitud. Sobre una base de color verde aparecen tonalidades que van del blanco al rojo pasando por el rosa. Posee flores espádices verdosas que envuelven la inflorescencia y no tienen valor ornamental.

CUIDADOS

La situaremos cerca de la ventana para que reciba luz solar pero no directa. Es aconsejable regarla de manera regular aunque teniendo en cuenta que es sensible a pudriciones de tallos por encharcamiento. Debe conservarse en un ambiente lo más húmedo posible pero evitando que se mojen las hojas. La abonaremos con fertilizante líquido cada dos semanas en la época de crecimiento (primavera y verano).

USOS Y MULTIPLICACIÓN

Las hojas pueden emplearse para arreglos florales siempre que se tengan de forma previa en agua durante 24 horas. Esta planta es tóxica si se ingiere. Se reproduce por división de los tubérculos.

Calathea

FRECUENTE · SOMBRA · DE 20 A 50 CM

La calathea (*Calathea makoyana*) tiene unas 25 variedades y es originaria de Brasil y Perú. Es un género de la familia de las Marantaceae que crece de forma espontánea en Sudamérica.

DESCRIPCIÓN

Es una planta herbácea rizomatosa que puede llegar a 50 cm de altura cultivada en el interior del hogar. Posee hojas muy coloridas con tonalidades de verde y púrpura.

CUIDADOS

Necesita luz difusa pero nada de sol. No soporta temperaturas inferiores a los 18 °C y precisa de un ambiente húmedo. La regaremos 2 o 3 veces por semana y le añadiremos abono líquido cada 15 días cuando esté en fase de crecimiento.
Debe ser trasplantada todos los años en primavera o verano y debemos vigilar con las corrientes de aire frío porque pueden matarla.

MULTIPLICACIÓN Y USOS

Esta planta ornamental se reproduce principalmente por división de matas. Es aconsejable aclararlas cuando estén muy densas.
También se multiplica mediante esquejes, que deberemos plantar sobre un suelo similar al de cultivo y a una temperatura estable de 18 °C.

Calceolaria

MEDIO-POCO · MEDIA SOMBRA · DE 30 A 60 CM

La flor de zueco, zapatito de la Virgen, zapatito de Venus o capachito (*Calceolaria herbeohybrida*) procede de Sudamérica y tiene casi 400 variedades.

DESCRIPCIÓN

Se trata de una planta anual que después de florecer se desecha. Tiene flores amarillas o anaranjadas que pueden tener manchas rojas o púrpuras.

CUIDADOS

La ubicaremos en un lugar fresco, bien ventilado y donde no le dé el sol directamente. Como necesita mucha humedad ambiente, es aconsejable poner pequeñas piedras mojadas en una bandeja sobre la que situaremos la maceta para que tenga suficiente humedad. Debe ser regada en abundancia y es aconsejable abonarla cada semana con un poco de fertilizante líquido.

USOS Y MULTIPLICACIÓN

Esta planta decorativa se reproduce por semilla a finales de la estación cálida, plantándola en semilleros. Cuando la plántula exhibe dos hojitas, se puede trasplantar a una maceta pequeña. Normalmente, en la estación fría ya se puede pasar a una maceta mayor, que será su receptáculo definitivo, teniéndola al principio expuesta a una luz media. No se le debe administrar agua calcárea.

Campánula

FRECUENTE

SOMBRA O MEDIA SOMBRA

DE 1 A 40 CM

La campanilla, campanillas o campana de Italia (*Campanuda isophylla*) incluye unas 300 especies distribuidas por las regiones templadas del hemisferio norte.

DESCRIPCIÓN

Posee hojas alternas sésiles y a menudo varían en la misma planta desde más grandes en la base a más pequeñas en la cima. Puede tener los márgenes enteros o serrados. Muchas especies contienen látex blanco en hojas y tallos. Las flores se agrupan en panículas y tienen forma de campana con 5 corolas lobuladas. Llegan a medir 5 cm de largo y son de color azul púrpura, blanco o rosa. El fruto es una cápsula que contiene numerosas semillas.

CUIDADOS

Esta hierba perenne debe ser cultivada ligeramente sombreada. Prefiere suelos calcáreos y la regaremos frecuentemente, aunque nunca de forma abundante. La eliminación de las flores marchitas previene la forma de hongos e incrementa la floración siguiente.

MULTIPLICACIÓN

Se reproduce por división de la mata en primavera y otoño.
Hacia finales de verano lo hace mediante semillas.

Chamaedorea

FRECUENTE

SOMBRA O MEDIA SOMBRA

DE 30 A 600 CM

La chamaedorea, palmera de salón, palma de salón, chamadorea o palmera de interior (*Chamaedorea elegans*) incluye más de 200 especies pertenecientes a la familia de las *Arecaceae*. Es de origen americano.

DESCRIPCIÓN

Son pequeñas palmeras que miden entre 30 cm y 6 m. Poseen tallos delgados, como los de la caña de azúcar. Las hojas son pinnadas con foliolos. Las flores se producen en inflorescencias y son dioicas, es decir, masculinas y femeninas por separado. El fruto es una drupa naranja o rojo que mide hasta 2 cm de diámetro.

CUIDADOS

Precisa de sombra o media sombra; a pleno sol se quema. No resiste el frío y debe ser cultivada en un ambiente húmedo. La regaremos 2 o 3 veces por semana en verano y 2 veces al mes en invierno. Es conveniente aplicarle un abono para plantas verdes de interior 2 veces al mes durante la época estival. Hay que trasplantarla anualmente a contenedores los más altos posible.

USOS Y MULTIPLICACIÓN

Las inflorescencias tiernas son consumidas como verdura. Se multiplica por semillas.

Ciclamen

DOS VECES POR SEMANA

SOMBRA O MEDIA SOMBRA

DE 30 A 40 CM

El ciclamen (*Cyclamen persicum*), también conocido como violeta de Persia o de los Alpes, es originario de la región del Medio Oriente.
Destaca como planta ornamental por sus bonitas y delicadas flores de tono rosado.

DESCRIPCIÓN

Es una planta tuberosa de hojas de reborde plateado, que tienen forma de corazón. Sus flores varían según las clases, aunque las más comunes son de color rojo o rosa.

CUIDADOS

Aguanta el frío, hasta - 5 °C, y prefiere un lugar a media sombra, protegido de la acción directa de los rayos solares, sobre todo en las horas de máximo calor. Requiere un riego frecuente, al menos 2 veces por semana. Debemos mantenerla permanentemente en una habitación fresca y húmeda, colocándola sobre un plato de arena mojada o lleno de piedras con agua.

FLORACIÓN

Florece en otoño, invierno y primavera. Sus flores presentan una amplia gama de colores que van desde el blanco al escarlata, pasando por tonalidades rosadas, púrpuras y salmón. El ciclamen es una de las plantas de floración invernal más populares debido a que en esta época hay pocas plantas en flor.

Cineraria

FRECUENTE

MEDIA SOMBRA

DE 20 A 40 CM

La cineraria híbrida o cineraria con flor (*Senecio cruentus*) es originaria del sur de África y de las Islas Canarias. Es de porte bajo y pertenece a la familia de las Compositae.

DESCRIPCIÓN

Esta herbácea anual mide entre 20 y 40 cm y posee una estructura sencilla constituida por un tallo central, corto y ramificado. Las hojas, muy suaves, presentan una forma acorazonada, bordes aserrados, y son de color verde oscuro. Desde finales de invierno y durante toda la primavera aparecen abundantes inflorescencias que se parecen a margaritas de color blanco, rosa, azul o violeta.

CUIDADOS

Debemos evitar su exposición a la luz solar directa. Prefiere una atmósfera húmeda, por lo que la pulverizaremos frecuentemente evitando que el agua caiga sobre las flores. Prefiere un suelo bien drenado y la regaremos diariamente durante la floración.
En flor, es recomendable abonarla con fertilizante líquido cada 2 semanas.

USOS Y MULTIPLICACIÓN

Es empleada para la aplicación tópica del tratamiento para las cataratas. Se multiplica por semillas y germina en 10 días a una temperatura estable de 22 °C.

Cinta

ESCASO | MEDIA SOMBRA | 30 CM

La cinta, malamadre, mala madre o lazo de amor (*Chlorophytum comosum variegatum*) es nativa de Sudáfrica y constituye una de las especies de interior más fáciles de cultivo.

DESCRIPCIÓN

Posee hojas angostas, largas, que forman rosetas. Desarrollan tanto raíces bajo tierra como aéreas. Produce estolones con flores actinomorfas, de ovario supero, diminutas, blanquecinas y con hijuelos. Tiene inflorescencia en forma de espiga y posee una cápsula como fruto.

CUIDADOS

Precisa de poca luz y crece bien por encima de los - 2 °C. Esta planta necesita una humedad media y aguanta la escasez de agua. En verano debemos regarla con cierta frecuencia. Asimismo, conviene abonarla cada 2 semanas en primavera y verano. Debemos trasplantarla 2 veces al año debido a su gran crecimiento.

USOS Y MULTIPLICACIÓN

Normalmente, es empleada como especie ornamental aunque debido a su rápida reproducción puede convertirse en una plaga. Produce hijuelos en los extremos de unos tallos blancos y alargados. Son fácilmente trasplantables y después lps podemos plantar en un tiesto.

Clivia

ESCASO | SOMBRA O MEDIA SOMBRA | DE 25 A 30 CM

La clivia (*Clivia maniata*) es una planta muy sencilla de cuidar que vive muchos años. Es originaria de África meridional y se cultiva especialmente en Bélgica, Francia y China.

DESCRIPCIÓN

Son plantas perennes y no leñosas que poseen hojas de color verde oscuro, largas y estrechas. Producen racimos de flores acampanadas rojas o anaranjadas al final. Tienen raíces gruesas y fasciculadas. El fruto es una baya globosa.

CUIDADOS

Requiere un suelo bien drenado a base de turba gruesa mezclada con perlita y corteza triturada de pino. Prefiere las macetas de barro y que no sean demasiado grandes.
Es aconsejable que le dé la luz pero el sol directo puede quemarle las hojas. Es una planta de poco riego porque sus hojas y raíces carnosas acumulan agua.

MULTIPLICACIÓN

Se reproduce después de la floración por división de mata, separando los retoños que nacen junto a la planta madre. También se multiplica por semilla y por esquejes.

Cocotero

El cocotero *(Cocos nucifera)* es la palmera por excelencia de las playas tropicales. Oriunda de Asia, se ha acabado imponiendo también en las costas de la América tropical. Su nombre latino significa «portador de nueces» y pertenece a la familia de las Arecaceae.
Su cultivo en interiores está muy extendido debido a su espectacular porte y al sorprendente efecto de su enorme semilla plantada en la maceta. Su follaje persistente, que cae en forma de cascada, es perfecto para adornar durante todo el año los rincones de los grandes espacios de nuestro hogar.

DESCRIPCIÓN

A pesar de que en jardines exteriores puede llegar a medir hasta 30 m de altura, cultivado en maceta como planta de interior, su tronco único no suele sobrepasar los 2 m y sus grandes hojas arqueadas suelen medir entre 50 y 150 cm.
Es de follaje persistente de color verde oscuro y su floración se produce durante todo el año, dando lugar a multitud de flores diminutas que en unas semanas se transforman en pequeños frutos redondos, que resultan comestibles. Es de crecimiento bastante rápido, por lo que tendremos que podarla con regularidad para que no exceda de tamaño.
Su principal característica es que el tallo principal brota directamente del coco colocado en la maceta, que queda a la vista.

CUIDADOS

Puesto que procede de climas tropicales de costa, el cocotero prefiere un sustrato arenoso y salino, además de un ambiente muy húmedo y cálido, por lo que procuraremos rociarle las hojas de forma habitual (nunca el coco, puesto que se pudre con facilidad) y situarlo en una estancia donde no sufra excesivamente la calefacción.
Si necesitamos utilizarla para caldear la casa, será conveniente colocar el tiesto del cocotero sobre un plato grande con piedras semicubiertas de agua. Así se irá evaporando y creará un microclima húmedo para la planta.
Necesita riego regular dos o tres veces por semana, algo menos en invierno, a no ser que la calefacción ser que mucho el ambiente.
No tolera el frío ni las heladas (necesita una temperatura que oscile entre los 15 y los 25 °C), por lo que su cultivo en exterior es muy poco habitual.
Necesita luz abundante y directa, por lo que tendremos que buscarle un emplazamiento a pleno sol o, como mínimo, muy iluminado durante la mayor parte del día.

MULTIPLICACIÓN

El cocotero solamente se propaga por semillas, es decir, plantando directamente el coco en tierra, dejando los agujeros de su cáscara mirando ligeramente hacia arriba.
El brote saldrá de uno de los agujeros más o menos un mes después de haber sido plantado el coco. Al mismo tiempo, el coco echará raíces hacia la tierra a través de la corteza.

Cóleo

UNA VEZ POR SEMANA; EN VERANO: DOS O TRES VECES POR SEMANA

SOMBRA O MEDIA SOMBRA

DE 25 A 50 CM

El cóleo *(Coleus blumei)*, también conocido como *cretona*, es una planta ornamental del Sureste de Asia, que destaca especialmente por sus vistosas hojas de distintos colores y tonalidades.

DESCRIPCIÓN

Es una planta vivaz anual, muy adecuada para interiores, pero también adaptable a jardines y exteriores. Sus hojas son opuestas, simples y en forma de corazón. Tienen un colorido variado que va del verde al amarillo pasando por el rojo, el bronce, el púrpura y el gris.

CUIDADOS

Es sensible al frío, hay que protegerla de las heladas durante el invierno. Asimismo, el sol directo tampoco le conviene, por lo que hay que ubicarla en un lugar luminoso pero protegido. El riego, abundante, hay que interrumpirlo a finales de otoño.
En primavera hay que abonarlo semanalmente.

MULTIPLICACIÓN Y FLORACIÓN

Se reproduce por esquejes y semillas. La floración tiene lugar entre el otoño y el invierno. Las flores son muy pequeñas y de color azul claro.

Cordiline

POCO

PLENO SOL O MEDIA SOMBRA

DE 1 A 5 M

La arácena o árbol repollo (*Cordyline australis*) es una especie arborescente nativa de la región del océano Pacífico occidental (Nueva Zelanda, Polinesia y Hawai).

DESCRIPCIÓN

Es una planta poco ramificada y que tiene un tallo engrosado en la base. Puede llegar a tener 5 m de altura y posee hojas perennes. Cada tallo está coronado por una roseta de hojas acintadas, de color verde-púrpura y que alcanzan los 100 cm de longitud. Posee flores de color crema agrupadas en largas panículas. Su fruto es una baya globosa y blanquecina en la madurez.

CUIDADOS

Esta especie no es muy resistente al frío y necesita suelos fértiles y bien drenados. No debe ser regada en exceso y precisa de bastante luz. Si seca el suelo, las hojas se pondrán amarillas, y si se encharca, se pudrirán las raíces.

FLORACIÓN Y MULTIPLICACIÓN

Florece en verano y es perfumada en sujetos adultos. Se reproduce por semillas, trozos de tallo y mediante enraizamiento del tallo aéreo, una vez metido en tierra. De esta planta se extrae una fibra tenaz.

Costilla de Adán

MODERADO | SOMBRA O MEDIA SOMBRA | HASTA LOS 5 M

La costilla de Adán (*Monstera deliciosa*) es una planta de follaje ornamental originaria de México, apreciada sobre todo por sus grandes hojas verdes agujereadas, cuya forma recuerda a la fisonomía de las costillas humanas, de ahí su nombre.

DESCRIPCIÓN

Es una planta trepadora de follaje verde perenne, que presenta unas grandes hojas partidas en forma de costillas humanas. La flor es insignificante. Sus tallos son flexibles y tienden a inclinarse cuando aumentan de tamaño.

CUIDADOS

Tolera bien el ambiente seco, pero agradece un ambiente húmedo, especialmente en verano. El riego tiene que ser moderado, y en invierno debemos reducir la frecuencia, sin dejar que el sustrato se seque del todo.

Crece bien en rincones poco luminosos, pero es preferible cultivarla en un lugar bien iluminado.

En primavera hay que abonarla una vez al mes. Puesto que se trata de una planta de hábitat natural tropical, cálido y húmedo, aguanta temperaturas frías de manera puntual, pero nunca por debajo de los 0 °C.

Crásula

MEDIO-POCO | ABUNDANTE | DE 30 A 50 CM

El árbol de jade (*Crassula arborescens*) posee más de 600 variedades que pertenecen a la familia Crassulaceae y las especies que se cultivan son casi todas originarias de Sudáfrica.

DESCRIPCIÓN

Esta planta suculenta y perennifolia posee hojas carnosas, redondeadas y lisas. Las flores son de color rosa pálido y aparecen normalmente en invierno o a principios de primavera.

CUIDADOS

Temperaturas excesivamente frías o cálidas pueden llegar a matar a esta planta. El suelo en el que mejor se desarrollan es una mezcla de 60% de arena de río o grava volcánica y el 40% de akadama. Se puede regar cada 5 días en verano y una vez cada 3 semanas en invierno, ya que es una planta que necesita poca humedad en términos generales. Es recomendable abonarla cada mes. Asimismo, le cortaremos las ramas o troncos de un diámetro de hasta 5 cm según sea necesario durante la estación de crecimiento.

USOS Y MULTIPLICACIÓN

Se propagan por tallos u hojas cortadas. Algunas variedades se usan como bonsái y para adornar el hogar.

Crotón

FRECUENTE · ABUNDANTE · DE 40 A 60 CM

El crotón o croto (*Codiaeum variegatum*) es originario de Malasia. Su nombre procede del griego *Kroton*, que significa «garrapata», por la similitud de sus semillas a este ácaro.

DESCRIPCIÓN

Esta delicada planta arbustiva tiene hojas alternas, pecioladas, persistentes, bastante coriáceas, de color rojo, verde, amarillo, más o menos abigarradas. Sus formas y dimensiones son muy variables, y van desde lineares a lobuladas, astadas, con lámina acombada y con márgenes ondulados. Las flores carecen de interés.

CUIDADOS

Cuanta más iluminación más color tendrán las hojas que crezcan en la especie. Tolera bien los rayos del sol y necesita de altas temperaturas. En verano, sobre todo, conviene rociar las hojas con agua. Abonarla nos puede servir para que crezca más fuerte y más rápido.

USOS Y MULTIPLICACIÓN

Contiene un látex blanco y muy venenosos que rebosa cuando se corta una rama o una hoja. Está compuesto de agua, enzimas, sustancias proteicas, resinas, gomas, alcaloides y gránulos de almidón.
El crotón se reproduce por esquejes de punta o por estacas.

Dipladenia

FRECUENTE · MEDIA SOMBRA · DE 2 A 3 M

El jazmín chileno, jazmín de Chile, jazmín de jujuyo o jazmín de Argentina (*Mandevilla laxa*) cuenta con unas 100 especies y procede de Argentina y Brasil.

DESCRIPCIÓN

Se trata de una parra que desarrolla llamativas flores de color blanco, rosa, amarillo o rojo. Alcanza una altura de entre 2 y 3 m y posee hojas coriáceas de color verde brillante. Sus flores son atrompetadas y se sostienen sobre largos pedúnculos que aparecen al principio del verano formando pequeños racimos. Desprenden un apreciado perfume.

CUIDADOS

Precisa de un ambiente muy luminoso, pero debemos evitar el sol directo en las horas más abrasadoras y los climas calurosos. Debemos pulverizar varias veces a la semana las hojas o colocar sobre un plato de grava mojada. Prefiere un suelo rico, compuesto de turba y arena, y que tenga un buen drenaje. Debe ser regada al menos 3 veces por semana, sobre todo en primavera y verano. Asimismo, es recomendable abonarla cada 2 semanas.

USOS Y MULTIPLICACIÓN

Esta planta es tóxica si se ingiere. Se reproduce en primavera por semillas y en verano por esqueje leñoso.

Espatifilo

MEDIO · MEDIA SOMBRA · DE 2 A 3 M

El espatifilo o cuna de moisés (*Spathiphyllum wallisii*) es una planta idónea para el cultivo en el interior del hogar y es originaria de las regiones tropicales de Centroamérica.

DESCRIPCIÓN

Posee una mata de hojas perennes y verdes y de flores blancas que recuerdan a banderas por su forma. Tiene rizomas cortos y subterráneos, de donde brota el follaje. Se utiliza habitualmente para decorar estanques de interior como planta acuática.

CUIDADOS

Hay que evitar su exposición a la luz directa del sol, aunque le gusta la luz (filtrada). En primavera y en otoño podemos abonarla con estiércoles diluidos cada 2 semanas. Necesita un suelo bien drenado. Precisa de ambientes cálidos y de una atmósfera ligeramente húmeda. Es muy importante pulverizarla con agua tibia, sobre todo en las habitaciones con calefacción. Es de crecimiento muy rápido, por lo que deberemos trasplantarla a otra maceta ligeramente más grande una vez al año. Es conveniente realizar esta operación en primavera.

FLORACIÓN Y MULTIPLICACIÓN

Se reproduce por separación de mata. Florece de marzo a septiembre.

Exacum

FRECUENTE · SOMBRA O MEDIA SOMBRA · DE 15 A 30 CM

La violeta persa o violeta alemana (*Exacum affine*) posee 145 variedades pertenecientes a la familia Gentianacae y procede de la isla de Socorra (Yemen).

DESCRIPCIÓN

Esta planta posee flores violetas de agradable aroma con estambres de color amarillo.
Sus hojas son perennes y es una especie anual de corta vida.

CUIDADOS

Precisa de luz tamizada y es conveniente situar la maceta sobre grava mojada para mantener la humedad. Hay que evitar el agua calcárea y es recomendable abonarla cada 2 semanas en periodo de crecimiento activo. Es aconsejable eliminar las flores marchitas pinzando con los dedos para no entorpecer su floración. Debemos evitar que le dé la luz del sol de forma directa en exceso para no quemar las hojas.

FLORACIÓN Y MULTIPLICACIÓN

Sus flores aparecen entre mediados y finales de verano o también lo hacen en invierno bajo luz fluorescente. Se reproduce por semillas que se pueden sembrar en cualquier época del año a partir del final del invierno. La temperatura adecuada para la germinación es de 18 °C y los brotes surgen al cabo de 2 o 3 semanas.

Ficus

MODERADO, CADA 4 O 5 DÍAS

MUCHA ILUMINACIÓN

DE 150 A 250 CM

El ficus decora (*Ficus elastica*), también llamado ficus de hoja grande, árbol del caucho, o árbol de la goma, es una de las especies más cultivadas en jardinería de espacios exteriores por su adaptabilidad a los espacios interiores y sus espectaculares hojas de color verde intenso. Fue introducido en Europa a principios del siglo XIX desde las islas del pacífico asiático y en muy poco tiempo se convirtió en uno de las variedades más habituales de casas y jardines.

DESCRIPCIÓN

Se trata de un arbusto perenne que en estado salvaje puede medir 40 m, pero que en cultivo en espacios interiores y en maceta no suele superar los 3 m. Tiene un tronco único e irregular, rodeado de raíces aéreas. Tiene hojas de un verde azulado intenso, muy grandes y brillantes, de forma ovalada, que pueden miden entre 8 y 15 cm de largo. Su sistema de renovación de follaje es muy particular: allí donde tiene que salir una nueva hoja se desarrolla una vaina que va creciendo a medida que crece la nueva hoja que tiene en su interior; cuando la hoja está lista y se despliega, la vaina cae de la planta. Sus frutos son esféricos y rojizos.

CUIDADOS

El ficus requiere un suelo muy aireado, bien drenado y con abundante cantidad de materia orgánica. Necesita una gran cantidad de iluminación, aunque no necesariamente luz directa, así que bastará con colocarlo en un lugar con varias horas de luz natural al día. No necesita riego abundante. Deberemos regarlo dos veces por semana en verano y una vez por semana en invierno, siempre en cantidades pequeñas. Al regarlo es conveniente usar agua tibia, ya que no tolera el agua fría, ni para rociar las hojas ni para humedecer el sustrato. Padece con las corrientes de aire, por lo que es más adecuado para rincones resguardados. Crece bien en temperaturas que oscilen entre los 15 y los 25 °C y tolera la calefacción y los ambientes secos siempre que se rocíen las hojas cada pocos días. Conviene aplicarle una dosis de fertilizante en primavera. Cada cierto tiempo, resulta adecuado realizar una poda de mantenimiento ligera para evitar su excesivo crecimiento. Si queremos estimular la aparición de nuevos brotes en la parte inferior de la planta, tendremos que podar las ramas superiores.

VARIEDADES

Los ficus son un género que engloba alrededor de 800 especies de árboles y arbustos. Algunos de los más adecuados para el cultivo como plantas de interior son los siguientes:

- *Ficus benjamina*

Es de porte muy elegante, con grandes hojas de punta alargada y largas ramas colgantes.

- *Ficus deltoides*

Es una especie muy pequeña, pues mide entre 30 y 60 cm. Después de la floración se cubre de pequeños frutos amarillos.

- *Ficus lyrata*

Tiene las hojas muy grandes y abundantes, además de que sus ramas horizontales le dan mucho volumen.

- *Ficus pumilla*

Es un arbusto trepador que se utiliza a menudo para adornar paredes y espaldares de interiores, y como planta colgante.

- *Ficus rubiginosa*

Es muy adecuado para las estancias más frías de la casa, pues tolera bien las bajas temperaturas.

Geranio

ESCASO | ABUNDANTE | DE 10 A 60 CM

El geranio (género *Pelargonium*) posee más de 400 especies anuales, bienales y perennes. Procede de la región sudafricana de El Cabo y es una de las plantas más utilizadas en los balcones de los hogares por su fácil cultivo.

DESCRIPCIÓN

La flor de esta planta posee 10 estambres, tiene el aguijón nectario o pétalo posterior y no posee ningún espolón. En algunas variedades, crecen en una umbela, sobre un péndulo, que puede o no estar precedido de un tallo.

CUIDADOS

Debemos colocarla para que le dé el sol buena parte del día porque la sombra provoca que la planta crezca larguirucha. No resiste las temperaturas muy bajas ni las heladas. Tampoco debemos regarla casi y el suelo tiene que tener un buen drenaje. No debe ser pulverizada. Es aconsejable aportarle fertilizante líquido cada 2 semanas cuando está en época de floración.

USOS Y MULTIPLICACIÓN

Se reproduce por esquejes semileñosos durante la estación cálida y por semilla o división de matas en otoño e invierno. Es una planta decorativa por su abundante floración y la variedad de colores que tiene.

Gladiolo

ABUNDANTE | A PLENO SOL | DE 60 A 180 CM

El gladiolo (*Gladiolus*), también conocido como espadilla, es una planta bulbosa originaria del sur de África, Oriente Próximo y la cuenca del Mediterráneo, muy apreciada por sus flores.

DESCRIPCIÓN

Es una planta bulbosa de hoja perenne, que presenta largos tallos en forma espigada y flores abiertas de pétalos caídos de colores muy variados, que incluyen todas las gamas de blanco, el rojo y el amarillo.

CUIDADOS

Requiere bastante luz, es aconsejable ubicarla a pleno sol. Precisa de un suelo bien drenado y rico en humus, aunque se adapta a gran variedad de terrenos.
Precisa de riegos generosos y abundantes. La temperatura óptima para su desarrollo se sitúa entre los 15 y los 25 °C. Hay que abonar aproximadamente cada 3 semanas.

MULTIPLICACIÓN Y FLORACIÓN

Se multiplica por bulbillos, mientras que la reproducción por semillas se realiza para el mantenimiento de poblaciones especiales silvestres.
En su hábitat natural, el periodo de floración tiene lugar en verano y otoño, aunque en climas templados florece todo el año.

Gloxínea

CADA 2 O 3 DÍAS

LUZ INDIRECTA

DE 20 A 30 CM

Originaria de las zonas tropicales de Brasil y Argentina, la gloxínia (*Sinningia speciosa*) es una planta vivaz de interior cuyo principal atractivo reside en su frondosa floración de intensos colores.

DESCRIPCIÓN

Es una planta herbácea de mata pequeña, tronco compacto y tallos suculentos, cuya altura varía entre los 20 y los 30 cm. Tiene hojas de color verde oscuro, grandes y aterciopeladas, y sus flores de seis lóbulos en forma acampanada son muy vistosas y de una gran variedad cromática.

CUIDADOS

Conviene regarla por la parte baja del tallo 2 o 3 veces por semana durante la época de floración, procurando no rociar las flores, y reducir la frecuencia hasta que el follaje se seque por completo. Debemos situar la maceta en un lugar con luz intensa, sin sol directo y a resguardo del frío.

FLORACIÓN Y MULTIPLICACIÓN

Florece con la llegada del verano, pero se mantiene muy vistosa hasta finales de otoño, momento en el que debe ser trasplantada a otra maceta. Se multiplica por división de tubérculos en primavera y por semillas a finales de invierno.

Guzmania

MODERADO

MEDIA SOMBRA

DE 30 A 45 CM

La guzmania (*Guzmania ligulata*) es una planta originaria de los bosques húmedos de India y América del Sur, que destaca de manera especial por sus vistosas inflorescencias.

DESCRIPCIÓN

Planta perennifolia de la familia de las Bromelias, sus hojas de color verde crecen en forma de rosetas. Presenta flores tubulares de color blanco, amarillo y verde rojizo.

CUIDADOS

Necesita una temperatura muy cálida, entre 20 y 25 °C, y mucha luz, aunque hay que protegerla de la acción directa de los rayos de sol. Hay que evitar las heladas. Requiere un ambiente húmedo. Tenemos que regarla con moderación, preferentemente con agua de lluvia o descalcificada.
Es aconsejable sumergir la maceta en agua una vez por semana o cada 10 días.

MULTIPLICACIÓN Y FLORACIÓN

Se reproduce por separación de los brotes que aparecen en la base de la planta madre. Para que la floración, que se da a finales de invierno y en primavera, se prolongue durante más tiempo, podemos pulverizar agua directamente sobre las hojas.

Helecho nido

UNA VEZ POR SEMANA; EN VERANO: DOS O TRES VECES POR SEMANA

SOMBRA

DE 45 A 120 CM

El helecho nido (*Asplenium nidus*), también conocido como nido de ave, es una planta originaria de las regiones tropicales de Australia, muy apreciada por su exuberante follaje.

DESCRIPCIÓN

Planta perenne de aspecto robusto y vigoroso, presenta unas grandes hojas verdes en forma de lanza, que pueden alcanzar, en ocasiones, hasta los 120 cm de longitud.

CUIDADOS

El helecho nido es más fácil de cultivar que otros helechos, aunque como todos los de su especie, requiere mucha humedad ambiental y un riego frecuente. Es conveniente pulverizar sus hojas a menudo, o bien, poner la maceta sobre un plato con agua. Necesita lugares frescos y sombreados, y en verano podemos sacarlo al exterior. Hay que abonarlo una vez al mes y conviene trasplantarlo cada 2 años a otra maceta un poco mayor, preferiblemente durante los meses de primavera.

PRECAUCIONES

Debemos tener un especial cuidado si lo colocamos en el exterior, puesto que hay que evitar una exposición directa al sol o se secaría en poco tiempo.

Helianto

CADA 2 O 3 DÍAS

LUZ DIRECTA, PLENO SOL

DE 0,5 A 0,65 M

El girasol enano (*Helianthus annus*), también conocido como mirasol o helianto, es originario de América. Debe su nombre a su necesidad de estar siempre orientado hacia el sol, lo que le obliga a ir girando a lo largo del día.

DESCRIPCIÓN

Es una planta anual de tallo robusto, erecto y simple. Mide de 2 a 3 m de altura, pero existen variedades muy pequeñas que no superan los 40 cm. Sus hojas son anchas, ovales y aserradas, de textura rugosa. Sus flores, de color amarillo intenso, pueden alcanzar los 25 cm de diámetro.

CUIDADOS

Requiere suelos profundos con alto contenido en nutrientes (sobre todo nitrógeno, fósforo y potasio). Requiere luz directa y continua. Necesita riegos frecuentes, pero soporta las condiciones semiáridas gracias a sus profundas raíces, que absorben agua del subsuelo.

FLORACIÓN Y USOS

El girasol florece en verano, dando lugar a una única flor de tallo gigante. Se cultiva en todo el mundo por su fruto comestible, las pipas de girasol, pero también resulta muy adecuado como planta ornamental de jardines e incluso se pueden cultivar variedades enanas en maceta.

Hibisco

ABUNDANTE Y FRECUENTE

LUZ INDIRECTA

DE 100 A 150 CM

El hibisco (*Hibiscus rosa-sinensis*), también llamado rosa de China, pacífico o flor del beso, es un arbusto florido de la familia de las malváceas originario de China y Japón, de donde fue introducido en Europa en el siglo XVII.
Es una planta muy preciada para el cultivo en interiores puesto que en ambientes cálidos y húmedos puede florecer todo el año, ofreciendo una floración de grandes y delicados pétalos de variados colores y con estambres largos y amarillos que sobresalen de la corola.

DESCRIPCIÓN

Es de hoja perenne y tiene un tallo único y largo que culmina en una frondosa copa. Si lo podamos y arreglamos convenientemente, tendrá la forma de un pequeño arbolito de copa redondeada.
En estado salvaje puede medir hasta 5 m, pero cultivado en maceta no suele exceder los 150 cm. Sus ramas nacen en la parte superior del tallo y están recubiertas de abundantes hojas grandes de color verde oscuro muy brillantes, cubiertas de pelos estrellados y con márgenes dentados. Sus flores son solitarias y con forma acampanada. Están compuestas de cinco pétalos cuyos colores van del blanco y el amarillo a toda la gama de rosados y malvas. La parte interior de la corola está teñida de un tono granate que contrasta con el resto de la flor y con el estambre, muy largo y de color amarillo.
Todo el conjunto hace de las flores de hibisco unas de las más exóticas y hermosas de la jardinería.

CUIDADOS

Su uso en jardinería se centra básicamente en el cultivo en espacios interiores, pues no tolera bien las heladas ni el frío.
Necesita una maceta lo suficientemente grande y un sustrato fértil y rico en materia orgánica, además de muy fresco y bien drenado, a ser posible de mezcla de arena y turba.
Requiere ambientes muy luminosos, pero a ser posible sin sol directo.
Tiene mucha necesidad de agua, por lo que conviene regarlo abundantemente, hasta dos veces al día en los meses de más calor, y pulverizar agua sobre las hojas con regularidad. Sin embargo, en invierno necesitará un riego muy escaso una vez por semana, ya que entrará en período de hibernación.
Debe realizarse una poda anual de mantenimiento para que la planta brote con más fuerza, pero sin perder su silueta. Conviene realizar un abonado durante la primavera, antes de la floración.

FLORACIÓN

En los climas subtropicales de donde es originaria, su floración tiene lugar todo el año.
En climas continentales, florece entre julio y agosto. Sin embargo, y aunque sus flores son muy delicadas y sólo duran entre uno y tres días, manteniéndolo en un ambiente cálido y húmedo podemos disfrutar de ellas mucho más tiempo, a veces hasta bien entrado el invierno.

Hipoestes

La hipoestes (*Hypoestes sanguinolenta*), también llamada hoja de la sangre por las características motas carmín de sus hojas, pertenece a la familia de las acantáceas y es oriunda de Sudáfrica y Madagascar.

DESCRIPCIÓN

Es un arbusto rastrero de hoja perenne. Sus hojas, ovaladas y acabadas en punta, son de color verde oscuro y están moteadas a lo largo de toda su superficie de manchas de color rosa carmín. Como se extiende en horizontal, mide entre 20 y 30 cm de altura.

CUIDADOS

Debemos regarla una o dos veces al día y situarla en un lugar húmedo para evitar que sus hojas se sequen. Es necesario añadirle abono cada 15 días. Requiere buena luz, aunque es conveniente no exponerla directamente al sol. Con el tiempo, adquiere un color degradado que se puede remediar con podas sistemáticas, que contribuirán además a darle un aspecto más compacto.

MULTIPLICACIÓN Y USOS

Se multiplica por esquejes durante la primavera, pero también se reproduce por semillas. La belleza y el colorido de sus hojas moteadas la convierten en una planta muy habitual en la jardinería de interior.

Hortensia

La hortensia (*Hydrangea macrophylla*) es un arbusto que también se cultiva como planta interior, originario de Japón. Es muy apreciada por su colorida y abundante floración.

DESCRIPCIÓN

Posee hojas grandes, verdes y ovaladas con el borde dentado, y unas vistosas cabezas de pequeñas flores, de colores tan diversos como azul, blanco o rojo. Se trata de una planta de entre 1 y 3 m de altura, aunque en maceta sólo alcanza poco más de medio metro.

CUIDADOS

Es bastante resistente, aunque las heladas la pueden dañar. Su ubicación ideal es a media sombra y una zona luminosa.

Requiere de una gran humedad ambiental y riegos generosos en un suelo debidamente drenado. Es aconsejable colocar un platillo con agua bajo el tiesto. Tras la floración debemos podar las flores marchitas y trasplantar la mata.

MULTIPLICACIÓN Y FLORACIÓN

La hortensia se reproduce por esqueje en verano. La floración se produce entre la primavera y el principio del otoño.

Jacinto

El jacinto (*Hyacinthus orientalis*) es una planta de la familia de las liliáceas originaria de los Balcanes y Asia Menor, muy apreciada por la vistosidad y fragancia de sus flores.

DESCRIPCIÓN

Es una planta bulbosa con una floración muy vistosa y de perfume muy preciado. Esta especie, de la que existen gran número de variedades, posee hojas basales muy derechas y dispuestas en roseta. Tiene una gruesa espiga formada por flores de 6 pétalos en colores blanco, rosa, azul púrpura o lila.

CUIDADOS

Requiere un lugar fresco y media sombra. Es necesario proporcionarle agua abundante con cierta frecuencia, pero con poca agua para evitar que el bulbo se pudra. Hay que comprobar que el recipiente tenga un buen drenaje. Podemos colocar la maceta en un plato de agua, para que no le falte agua. Estas plantas agotan las reservas del suelo donde se encuentran, por lo que conviene cambiarlas de maceta cada 2 años.

FLORACIÓN

Florecen en primavera, aunque dura poco tiempo. Para salvar la planta tras el periodo de floración, hay que trasplantarla a un recipiente mayor.

Jazmín de Madagascar

El jazmín de Madagascar (*Stephanotis floribunda*), también conocida como estefanote, es una planta de interior perteneciente a la familia de las asclepiadáceas.

DESCRIPCIÓN

Es una planta trepadora de hoja perenne que en estado salvaje puede alcanzar los 15 m, por lo que hay que entutorarla y podarla con regularidad. Sus hojas son opuestas, coriáceas y brillantes. Los racimos de flores, grandes y blancas, son muy olorosas.

CUIDADOS

La temperatura ambiente ideal del jazmín está en torno a los 18 °C. Necesita mucha luz, pero no directa. Requiere riegos frecuentes, pero no tolera el encharcamiento, por lo que debemos evitar que quede agua en el plato de debajo de la maceta. Es conveniente añadirle abono una vez al mes durante los meses de reposo.

FLORACIÓN Y MULTIPLICACIÓN

Florece de primavera a otoño, produciendo unas pequeñas flores blancas y muy perfumadas. Es conveniente dejarla descansar durante otoño e invierno si queremos que produzca flores en abundancia. Se multiplica durante la primavera a partir de esquejes del tallo.

Kalanchoe

MUY ESCASO

LUZ ABUNDANTE

DE 30 A 40 CM

Originaria del África tropical, el kalanchoe (*Kalanchoe blossfeldiana*) es una planta de flor de la familia de las crasuláceas que destaca porque, a pesar de su intensa floración, requiere muy pocos cuidados.

DESCRIPCIÓN

Es una planta suculenta y perenne de hojas brillantes y carnosas de color verde oscuro que puede alcanzar los 40 cm de altura.

Las flores son de cuatro pétalos y pueden tomar colores muy diversos dependiendo de la variedad.

CUIDADOS

Debe recibir luz abundante y prefiere ambientes cálidos (entre 20 y 25 °C). Necesita muy poco riego y tolera cualquier tipo de sustrato, aunque prefiere las tierras calcáreas y volcánicas. Debemos realizar un abonado durante la época de floración y, una vez pasada ésta, conviene sustituir la maceta por una un poco mayor.

FLORACIÓN Y MULTIPLICACIÓN

Florece desde comienzos de invierno hasta final de la primavera, dando lugar a abundantes flores de colores rojos, rosas, malvas o amarillos. Se multiplica por esquejes a finales de la primavera o bien por semillas.

Kentia

DOS VECES AL MES; VERANO: CADA 3 DÍAS

SOMBRA O MEDIA SOMBRA

DE 150 A 300 CM

La kentia (*Howea forsteriana*), originaria del área tropical del océano Pacífico, es una de las plantas de interior de la familia de las palmáceas más habituales y típicas.

DESCRIPCIÓN

Planta de follaje verde perenne, sus hojas crecen de forma vertical al principio y luego arqueada. Muy resistente, tiene un crecimiento lento, pero puede alcanzar una altura de 2 o 3 m.

CUIDADOS

No exige demasiada luminosidad, así que basta con cultivarla en un lugar de sombra o media sombra.

Necesita un ambiente húmedo, por lo que en verano hay que regar con más frecuencia que en invierno, para que la tierra se mantenga fresca.

Crece bastante bien en un ambiente cálido , aunque también puede aguantar el frío siempre y cuando no sea muy intenso.

Vive mejor en un sustrato rico en materia orgánica y muy bien drenado. Es conveniente pulverizar con agua el ambiente con frecuencia.

MULTIPLICACIÓN

Es complicada la reproducción, porque la semilla de la kentia tarda 2 años en madurar y a menudo no es aprovechable.

Maranta

FRECUENTE

SEMISOMBRA

DE 20 A 50 CM

La maranta (*Maranta leuconeura*), también llamada planta de la oración, es una planta de follaje coloreado y de gran presencia oriunda de las selvas tropicales de Sudamérica.

DESCRIPCIÓN

Es una planta vivaz de grandes hojas ovaladas tricolores con nervios rojizos muy marcados, con dibujos en tono verde en el haz de las hojas y púrpura en el envés. Por la noche sus hojas se pliegan como si fueran manos rezando, de ahí su sobrenombre.

CUIDADOS

Necesita una buena iluminación, pero no conviene exponerla a la luz directa del sol. Requiere una temperatura cálida. Es necesario regarla con frecuencia, excepto en los meses de descanso, de septiembre a febrero, en los que hay que reducir el riego. De mayo a septiembre debemos añadirle abono cada mes. Se recomienda trasplantar la planta de maceta una vez al año, en primavera.

MULTIPLICACIÓN Y USOS

Se multiplica por división de mata durante la primavera. Debido a las temperaturas que requiere, es una planta que se adapta perfectamente al interior del hogar, y es muy apreciada por la vistosidad de sus hojas.

Narciso

CONSTANTE PERO NO EXCESIVO

SOMBRA Y MEDIA SOMBRA

DE 30 A 40 CM

El narciso (*Narcissus*) es un género que incluye numerosas especies, originarias en su mayoría de zonas templadas, muy apreciado como planta ornamental por su floración.

DESCRIPCIÓN

Es una planta bulbosa de flor, de hojas largas, estrechas y de color verde oscuro.
Posee flores blancas, amarillas o de color crema que destacan por su forma de trompeta y que pueden presentarse en grupo o en solitario.

CUIDADOS

Aguanta bien temperaturas bajas siempre que no sean extremas, aunque lo más adecuado es que estén en zonas de clima suave. Requiere un ambiente fresco y suelos húmedos, fértiles y con buen drenaje. No tiene una gran exigencia en cuanto a luz. Es aconsejable regar la planta de forma constante pero no excesiva. Podemos poner un plato en la base con agua. No es necesario pulverizar ni las hojas ni las flores.

FLORACIÓN

Florece a finales de invierno y en primavera, a los 2 meses de haber sido plantada. Sus flores se marchitan 20 días después de su floración.

Orquídea

PULVERIZAR CADA 3 DÍAS

MUCHA LUMINOSIDAD, LUZ INDIRECTA

DE 20 A 50 CM

La orquídea es la reina de las flores. Las más de 25.000 especies y 60.000 híbridos de la familia de las *Orchidaceae* constituyen un grupo de plantas de flor muy evolucionadas biológicamente y de gran valor botánico. Es una de las flores más presentes en la naturaleza, pues, a pesar de ser originaria de entornos tropicales, crece de forma salvaje en todo el planeta, a excepción de los polos y de los desiertos. Su capacidad de adaptación al entorno es obvia, puede aclimatarse a casi cualquier tipo de clima y de condición ambiental, y en condiciones óptimas ciertas especies pueden llegar a vivir más de cincuenta años. Todo esto la convierte en una de las flores más enigmáticas y bellas de la flora mundial. Cultivar una orquídea en una maceta llenará de exotismo y fantasía nuestro hogar.

DESCRIPCIÓN

Las orquídeas son una familia de flores muy variada. Según la especie, hay flores diminutas que miden 1 mm y otras gigantes que miden 20 cm, flores de color dorado y flores con manchas atigradas. Sin embargo, a pesar de su variedad de formas, colores y medidas, todas tienen en común el hecho de ser plantas herbáceas perennes, a veces terrestres y a veces epifitas (que viven sobre otra planta). Estas últimas, que crecen sobre un pseudobulbo y no necesitan tierra para vivir, son las habituales para el cultivo en macetas.

De la base de la planta surgen varias hojas, largas y carnosas, y un tallo que suele necesitar la ayuda de un tutor para sostenerse erguido. Su flor única ofrece las más variadas formas, colores y texturas, y tiene la característica de haber mutado su aspecto para asemejarse a la especie animal que la poliniza, en su mayoría insectos.

CUIDADOS

Es difícil que la orquídea germine fuera de su estado salvaje, pues necesita la presencia de ciertos hongos e insectos para que la alimenten, pues se nutre de los residuos que éstos dejan en sus raíces.

En cualquier caso, el sustrato adecuado para cultivarlas debe contener turba, raíces de otras plantas, poliestireno y residuos vegetales como el carbón. Necesitan un emplazamiento con mucha luminosidad, con sol directo en los meses de otoño e invierno. De hecho, se cultivan en macetas de plástico transparente para que la luz llegue a sus raíces.

Las temperaturas óptimas para el crecimiento varían mucho en función de la especie, pero en general suelen necesitar ambientes cálidos durante el día y más frescos por la noche, además de bien aireados.

También exigen una humedad ambiente muy alta, por lo que se deben pulverizar dos veces por semana, o casi a diario en medios secos, procurando en general que se sequen las raíces antes de volver a humedecer.

FLORACIÓN Y MULTIPLIACIÓN

La mayoría de las orquídeas presentan inflorescencias de dos o más flores, de los más variados colores y formas.

La época de floración varía mucho dependiendo de la especie y de las condiciones ambientales, pero una vez que se cae la flor debe cortarse el tallo por encima del nudo para que al año siguiente vuelva a rebrotar. Se multiplica fácilmente por división de mata.

Paraguas

ABUNDANTE — LUZ INDIRECTA — DE 50 A 60 CM

El paraguas (*Cyperus alternifolius*), también llamado papiro o paragüitas, tiene su origen en la isla de Madagascar, donde crece junto a lagunas y estanques, que adorna con su amplio porte.

DESCRIPCIÓN

Se trata de una planta perenne de tallo fino y alargado que suele medir entre 50 y 150 cm de altura.
Sus hojas nacen de un panículo central, desde donde se extienden en formación radial hacia el exterior, en similitud a un paraguas; de ahí su curioso apelativo.

CUIDADOS

Se trata de una planta de fácil adaptación a interiores urbanos cálidos (la temperatura ambiente ideal ronda los 20 °C). Requiere sustratos húmedos, por lo que debe ser regada con frecuencia, e interiores iluminados, aunque su exposición al sol nunca debe ser directa.

MULTIPLICACIÓN Y USOS

Se multiplica con facilidad por medio de esquejes, que colocaremos directamente en agua hasta que rebroten y trasplantaremos después. Dado que se trata de una planta semiacuática, es muy adecuada para situar en ambientes muy húmedos, como cuartos de baño.

Peperomia

ESCASO — LUZ INDIRECTA — DE 15 A 30 CM

La peperomia (*Peperomia caperata*), también conocida como cola de rata o cola de ratón, es una planta de follaje verde oriunda de las regiones tropicales americanas y se caracteriza por ser muy resistente en ambientes secos.

DESCRIPCIÓN

Esta planta de la familia de las Piperaceae, cuya altura no supera los 30 cm, ofrece un follaje denso de carnosas hojas verdes muy brillantes con tonos muy variados, verdes, grises o rojizos, según la variedad. En la época de floración despuntan de entre el follaje sus características espigas de flores blancas.

CUIDADOS

A pesar de que necesita un ambiente luminoso, de evitarse la luz directa, pues decolora las hojas y hace que se caigan. No necesita casi riego y tampoco requiere mucha humedad ambiental, aunque no le gustan los aires excesivamente secos, que sus hojas se decoloren y caigan. En invierno debe mantenerse en una estancia fresca.

FLORACIÓN Y MULTIPLICACIÓN

Su floración tiene lugar entre abril y diciembre, y da lugar a unas hermosas espigas de flores blancas que atraviesan el follaje. Puede multiplicarse por esquejes en primavera, que deberemos dejar secar antes de plantar.

Pimiento ornamental

MODERADO, CADA 3 DÍAS

PLENO SOL

DE 20 A 40 CM

El pimiento ornamental (*Capsicum annuum*) es una planta solanácea pariente lejana del pimiento de cultivo hortícola. A pesar de que sus frutos se asemejen mucho entre sí, los de esta planta ornamental no son comestibles.

DESCRIPCIÓN

Se trata de una planta anual de crecimiento rápido que muere tras echar el fruto. Mide entre 20 y 40 cm de altura. Su follaje es denso y brillante, de color verde oscuro. Durante la primavera presenta pequeñas flores blancas que dan lugar en otoño a frutos de color amarillo, naranja o rojo.

CULTIVO

Necesita un sustrato muy rico en componentes orgánicos y bien drenado y estar situado a pleno sol y en un ambiente aireado, por lo que resulta perfecto para colocar en alféizares y balcones. Sin embargo, debe estar protegido de corrientes de aire frío. Conviene regarlo dos veces por semana, dejando que el suelo se seque entre riego y riego.

MULTIPLICACIÓN

Se propaga por semillas, que germinan después de dos semanas. Conviene que controlemos la temperatura durante el proceso, pues la planta necesita una temperatura estable de 20 °C para germinar.

Platanera

ABUNDANTE

PLENO SOL.

DE 1 A 3 M

La platanera (*Musa paradisiaca*) es una planta perenne originaria de la región indomalaya y que fue introducida en Europa en el siglo x. Además de ser uno de los árboles frutícolas más cultivados del mundo, también se utiliza como planta de interior.

DESCRIPCIÓN

La platanera pertenece a la familia de las musáceas. Es una planta perenne de gran tamaño, con enormes hojas dispuestas en espiral, cuyo cultivo en maceta puede hacer que mida entre 1 y 3 m. Sus flores de color amarillo florecen en primavera para dar en verano un fruto oblongo en racimos.

CUIDADOS

Crece en un sustrato húmedo, rico en nutrientes y bien drenado. Necesita mucha agua en verano; en enero y febrero no conviene casi regarla. Exige un ambiente cálido y húmedo, además de recibir mucha luminosidad, de sol directo o de semisombra. No tolera el frío, por lo que se debe proteger de las corrientes de aire fresco.

FRUTO Y MULTIPLICACIÓN

El fruto de esta variedad sólo es comestible si se cuece o se asa. Esta planta se suele multiplicar por vástagos, que al cabo de dos o tres semanas emiten raíces y empiezan a dar hojas nuevas.

Poinsetia

UNA VEZ POR SEMANA · SEMISOMBRA LUMINOSA · 50 CM

La poinsetia (*Euphorbia pulcherrima*) o flor de pascua, originaria de México, es una planta de follaje coloreado de gran belleza. De hecho, su nombre latino, pulcherrima, significa «la más bella».

DESCRIPCIÓN

Se trata de un arbusto anual de pequeña estatura que cultivado en interior ronda los 50 cm de altura. Posee grandes hojas dentadas de color verde oscuro y pequeñas inflorescencias amarillas durante la floración. Sus brácteas son muy llamativas y de color rojo, rosa o blanco y, a menudo, son confundidas con flores.

CUIDADOS

No disfruta de la luz directa del sol, excepto en invierno, por lo que necesita un emplazamiento iluminado, pero media sombra. Gusta de un ambiente con alta humedad, por lo que es conveniente no situarla junto a la calefacción y vaporizar bien la tierra, sin mojar las hojas y evitando encharcamientos. Conviene dejar secar el terreno entre riego y riego.

FLORACIÓN Sus auténticas flores son de color amarillo, muy pequeñas y poco llamativas, su verdadero atractivo está en la coloración de sus hojas superiores.

Prímula

FRECUENTE · SEMISOMBRA LUMINOSA · DE 20 A 50 CM

La prímula (*Primula obconica*), también conocida como primavera, es ideal como planta de interior por el atractivo de sus delicadas flores, que tienen una época de floración muy amplia.

DESCRIPCIÓN

Se trata de una planta herbácea de la familia de las Primulaceae originaria de China. Su talla media está entre los 20 y los 50 cm de altura. Sus hojas son simples y sus delicadas flores pueden ser blancas, lilas y purpúreas, de unos 2 a 3 cm de tamaño.

CUIDADOS

Esta planta se desarrolla mejor en suelos ácidos y bien drenados. Necesita una buena fuente de luz solar pero evitando el sol directo, por lo que el emplazamiento ideal es de semisombra luminosa

Conviene regarla cada 2 o 3 días evitando mojar las flores, ya que se marchitarían.

FLORACIÓN Y MULTIPLICACIÓN

Su época de floración es excepcionalmente larga, ya que va de otoño a primavera.

Su época de siembra es de mayo a agosto y su germinación dura de 15 a 20 días a 18 °C. También se puede multiplicar por división de mata.

Purpurina

La purpurina (*Tradescantia pallida o Setcreasea pallida*), también conocida como tradescantia o amor de hombre, es muy apreciada en jardinería por el llamativo color púrpura de sus tallos y hojas.

DESCRIPCIÓN

Es una especie herbácea originaria del este de México. Se trata de una planta perenne, de hojas alargadas y puntiagudas de un exótico color púrpura brillante. Sus flores son pequeñas, de 3 pétalos, y de color blanco, rosa o púrpura. Es muy adecuada como planta colgante.

CUIDADOS

La purpurina requiere lugares de abundante luz, incluso a pleno sol, aunque tolera bien la semisombra. Le gustan los climas cálidos y sufre mucho con el frío. Sin embargo, soporta bien la sequía: hay que dejar que el sustrato se seque entre riego y riego. Durante el período vegetativo conviene abonar cada mes.

FLORACIÓN Y MULTIPLICACIÓN

Su floración comprende los meses que van de junio a septiembre y da lugar a pequeñas flores de color malva.
Su propagación puede realizarse mediante esquejes desde la primavera hasta otoño.

Roiciso

El roiciso (*Cissus rhombifolia*) es una planta trepadora muy robusta. También conocida como hiedra de viña o hiedra de la uva, es originaria de Sudáfrica y se cultiva como planta ornamental de interior.

DESCRIPCIÓN

Pertenece a la familia de las vitáceas, que comprende unas 350 especies distintas. Aunque puede alcanzar una altura de 2 a 3 m, en maceta ronda los 50 cm. Posee hojas compuestas por tres foliolos dentados, de color verde claro brillante en su parte superior y satinado en la inferior. No tiene floración destacable.

CULTIVO

Puede vivir en lugares muy umbríos y apenas soporta la luz solar directa, por lo que es muy adecuada para patios. Necesita riego frecuente en verano y escaso en invierno. Es necesario practicar una poda severa cada cierto tiempo para darle forma, ya que rebrota con facilidad.

MULTIPLICACIÓN

Debido a su rápido crecimiento, necesita ser trasplantada cada año hasta acabar colocándola en una maceta de 30 cm de diámetro. Se multiplica en primavera y en verano mediante esquejes de unos 10 a 15 cm de longitud.

Saintpaulia

FRECUENTE, PERO MODERADO

LUZ INDIRECTA

DE 20 A 30 CM

La saintpaulia o violeta africana (*Saintpaulia ionantha*) es una bella planta de flor de bajo porte procedente de las regiones tropicales de África.
La delicadeza de sus flores, que combinan pétalos de color azul claro o violeta con estambres de vivo color amarillo, y la elegancia de sus grandes hojas de color verde intenso hacen de ella una de las plantas más ornamentales para la jardinería de interiores.

DESCRIPCIÓN

Se trata de una planta herbácea y vivaz oriunda de Tanzania y Kenia.
De pequeño tamaño, suele medir entre 20 y 30 cm de altura y tener una anchura de entre 10 y 30 cm.
Por este motivo, resulta perfecta para adornar estanterías, mesas camilla o alféizares de ventana.
Su hojas son carnosas, ligeramente peludas y de gran tamaño, con forma ovalada.
Las flores miden entre 3 y 4 cm de diámetro y presentan una corola de cinco lóbulos de suaves tonos azulados, violáceos o incluso blancos.

CUIDADOS

La saintpaulia necesita un suelo muy rico en nutrientes orgánicos y estar situada en un entorno muy luminoso para florecer.
Lo ideal es que reciba entre 10 y 12 horas de luz diaria, por lo que tendremos que colocarla cerca de las ventanas. Sin embargo, no debe recibir los rayos solares de forma directa durante todo el día, ya que podría quemarse. En el caso de que no pueda recibir tantas horas de luz natural, tendremos que recurrir a la iluminación artificial.
Requiere un ambiente cálido, cuya temperatura media ronde los 18 o los 20 °C, y muy húmedo, por lo que se aconseja situarla sobre un plato de piedras y agua que la proteja de la sequedad del aire.
Exige constante, pero no abundante, puesto que se marchita con el exceso de agua. En invierno reduciremos la frecuencia de riego e intentaremos utilizar agua tibia, ya que esta planta sufre mucho con el frío.

FLORACIÓN

La saintpaulia puede tener más de una floración al año, lo que constituye uno de sus grandes atractivos para el cultivo en jardinería.
Sus flores pueden aparecer en cualquier época del año siempre que la planta esté situada en un ambiente cálido y húmedo, pero entre floración y floración pasará un período de mes y medio.
De sus flores destaca el estambre, grande y de color amarillo, que crea un bonito contraste con el azulado o malva de los pétalos.

MULTIPLICACIÓN

Esta planta se reproduce por división de mata o por esquejes, preferiblemente en verano.
Para realizar la plantación de esqueje deberemos cortar una hoja incluyendo el peciolo y colocarla en un recipiente con agua tibia, aunque también se pueden clavar directamente en una mezcla de tierra con mucho abono orgánico.

Sansevieria

MODERADO

PLENO SOL

DE30 A 100 CM

La sanseviera (*Sansevieria trifasciata*) es una planta de interior muy resistente y de cultivo muy sencillo. También conocida como lengua de tigre, rabo de tigre y lengua de suegra, sus largas hojas enroscadas constituyen su principal atractivo.

DESCRIPCIÓN

La sanseviera, de la familia de las liliaceae, es originaria del África tropical. Posee un tallo subterráneo o rizoma del que parten varias hojas planas, gruesas y duras, de color verde oscuro y bordes amarillos y unos 30 cm de longitud.

CUIDADOS

Crece en cualquier tipo de sustrato bien drenado. Hay que evitar regar la sanseviera en exceso, pues el exceso de agua es casi lo único que la perjudica. Bastará con hacerlo una vez cada dos semanas o cada mes.

Necesita un lugar luminoso para crecer mejor, aunque también resiste bien en lugares semisombríos.

FLORACIÓN Y MULTIPLICACIÓN

Sus flores son de un color blanco verdoso y poco llamativas. Se multiplica por división de rizoma a principios de la primavera. Si la multiplicación se hace por esqueje de las hojas, se deberán obtener las más verdes.

Saxifraga

ABUNDANTE EN VERANO

LUMINOSO

DE 15 A 30 CM

La saxifraga (*Saxifraga stolonifera*) es originaria del lejano Oriente. También llamada ramo de novia o geranio de fresas, destaca por la caída de sus ramas y la gran coloración de sus hojas.

DESCRIPCIÓN

Es una planta pequeña de rápido crecimiento que suele medir entre 15 y 30 cm de altura. Sus flores son estrelladas, aunque no revisten demasiado interés. Sus hojas, redondeadas y de color verde oscuro en el centro, están teñidas de rosas y rojos en el contorno. Son perfectas como planta colgante.

CULTIVO

Requiere una tierra bien drenada y rica en materia orgánica, además de un ambiente muy luminoso, aunque sin luz directa. Debe regarse en abundancia en verano, pero evitando los encharcamientos. En primavera, su época de crecimiento, conviene abonar con un fertilizante muy diluido. En invierno necesita descansar en un ambiente fresco.

MULTIPLICACIÓN

Al ser de crecimiento rápido, es necesario cambiarla de maceta cada dos años. Puede multiplicarse por estolones o por acodo. Conviene sustituir la planta cada tres o cuatro años, pues se estropea con el tiempo.

Tibochina

MODERADO

PLENO SOL O A MEDIA SOMBRA

DE 1 A 2 M

La tibochina (*Tibouchina urvilleana*), también llamada planta de la gloria o siete cueros, es un arbusto perenne pequeño procedente de las áreas tropicales de Brasil.

DESCRIPCIÓN

Se trata de un arbusto poco ramificado de cerca de 1 m de altura que puede plantarse en macetas de ventanas y balcones. Posee hojas pecioladas, de color verde oscuro en la parte superior y claro en la inferior. Destaca por sus flores de cinco pétalos, de color violeta intenso y con estambres color púrpura.

CUIDADOS

El sustrato debe tener un contenido medio en nutrientes y ser ligeramente ácido; para ello, podemos mezclarlo con turba. Necesita luz directa o semisombra y riego moderado. No tolera el frío intenso ni las heladas, por lo que deberá protegerse en invierno. Para macetas suele usarse con entutorado.

FLORACIÓN Y MULTIPLICACIÓN

Florece de verano a otoño dando lugar a grandes flores de intenso color morado. Puede multiplicarse por esquejes, a finales de primavera o en pleno verano. También pueden plantarse sus semillas en primavera.

Tilansia

ABUNDANTE (PULVERIZACIÓN)

MEDIA SOMBRA

DE 40 A 60 CM

La tilansia (*Tillandsia cyanea*) forma parte de un género de plantas originario de Sudamérica, muy resistentes al calor, que comprende más de 500 especies.

DESCRIPCIÓN

Es una planta de interior perteneciente a la família de las bromelias que crece aferrada a las raíces de los árboles. La talla media mide unos 60 cm. Es originaria de Ecuador y posee unas hojas de color verde y de forma lanceolada; en el centro de éstas, crece una inflorescencia formada por brácteas de color rojo de la que salen flores violetas.

CUIDADOS

Obtiene los nutrientes del aire y del agua que acumula en sus hojas de superficie escamosa, por lo que se la conoce como clavel del aire. Prefiere una localización no directa de sol, aunque en invierno se puede poner enfrente de una venta, siempre evitando la localización norte. Pulverizar agua sin cal una vez por semana en invierno y, en verano, tres veces por semana añadiendo abono a la solución.

FLORACIÓN Y MULTIPLICACIÓN

Puede florecer por tiempo corto o prolongarse muchos meses. Una vez ha perdido su flor, muere. Sin embargo, se pueden extraer los hijuelos.

Tilo de salón

REGULAR, CADA 3 O 4 DÍAS

LUZ INDIRECTA

DE 150 A 200 M

También llamado tilo de tiesto, esparmania o cáñamo africano, el tilo de salón (*Sparmannia africana*) es un arbusto de abundante follaje muy adecuado para cultivo como planta de interior.
Incluye diferentes variedades de arbustos o arbolitos nativos de África, en especial de Madagascar, todos ellos con un gran atractivo por lo elegante de su porte y la presencia de grandes hojas persistentes de un bonito tono verde claro.
Sus delicadas flores de pétalos blancos hacen de este tilo uno de los árboles de interiores más preciados en jardinería.

DESCRIPCIÓN

Este arbusto perennifolio de porte elegante, un largo tallo central y amplio follaje de forma redondeada en la copa, tiene una altura de entre 3 y 4 m en estado salvaje, pero cultivado en maceta puede medir entre 150 y 200 cm.
Sus hojas son velludas y grandes, y presentan un bonito tono verde claro. Las flores son blancas y sedosas, con un peciolo voluminoso, cuatro pétalos dispuestos en forma de estrella y un botón central de largos estambres amarillos y anaranjados.

CUIDADOS

Esta planta de rápido desarrollo necesitará un trasplante a una maceta mayor cada cierto tiempo. Este cambio se realizará preferentemente entre los meses de febrero y abril.
Necesita un sustrato muy rico en materia orgánica. En maceta la mezcla ideal se compondrá de turba y arena mezcladas con un mantillo de hojas.
Exige un ambiente muy luminoso, pero no conviene que reciba luz directa durante demasiadas horas, puesto que se le quemarían las hojas.
Requiere riego abundante cada 3 o 4 días, dejando que se seque el suelo entre riego y riego.
En cuanto a la temperatura ambiente, prefiere las temperaturas cálidas, aunque en invierno necesita reposar en un ambiente más fresco, a ser posible en una habitación sin calefacción.
Por otro lado, este período de reposo, que es fundamental para procurar una abundante floración primaveral, incluye un descenso en la frecuencia y la cantidad de riego.
Conviene abonarlo cada dos meses, pues la carencia de nutrientes hace que se le amarilleen las hojas. Tolera podas de composición y requiere una limpieza de hojas regular, pues las hojas estropeadas consumen nutrientes de la planta inútilmente.

FLORACIÓN Y MULTIPLICACIÓN

Su época de floración es a finales de invierno o a principios de primavera, cuando se llena de delicadas flores blancas.
Debe tenerse en cuenta que es muy importante mantener fresca la temperatura durante el período de reposo invernal para que se produzca una floración abundante.
Se propaga plantando un esqueje semileñoso proveniente de sus ramas.
La estación ideal para realizar la propagación mediante este método es en primavera o a principios de verano.

Tomatera ornamental

MODERADO, CADA 3 DÍAS

LUZ ABUNDANTE, DIRECTA O INDIRECTA

DE 40 A 80 CM

La tomatera ornamental (*Solanum pseudocapsicum*), también llamada tomatillo de Jerusalén o capsicastro, es una opción muy original como planta de interior que dará a nuestra casa un toque de color.

DESCRIPCIÓN

Esta planta de la familia de las solanáceas es un arbusto pequeño, de entre 40 y 80 cm de altura, y oriunda de Sudamérica. Además de por su vivo follaje de múltiples hojas lanceoladas de color verde intenso, esta variedad destaca por el colorido rojo de sus frutos.

CUIDADOS

Requiere un suelo ligero y bien drenado y un emplazamiento donde reciba suficiente luz, directa o indirecta. Necesita riego frecuente y moderado. La temperatura ambiente debe ser fresca, entre 8 y 18 °C, por lo que es más adecuada para balcones y terrazas. Si fuera más calurosa, conviene pulverizar la planta para refrescarla.

FLORACIÓN Y FRUTO

La floración tiene lugar en primavera, cuando la mata se cubre de pequeñas flores blancas. Es en verano cuando dan lugar al fruto, unos tomates enanos de color verde claro al principio y que van tornándose rojos a medida que maduran y duran el invierno. Debe tenerse en cuenta que no son comestibles.

Vriesia

CADA 3 O 4 DÍAS

SEMISOMBRA LUMINOSA

DE 60 A 80 CM

La vriesea (*Vriesea splendens*) es una planta de la familia de las bromelias (*Bromeliaceae*) originaria de Venezuela. Es apreciada por su fácil cuidado y su espléndida bráctea escarlata.

DESCRIPCIÓN

También conocida como pluma de indio, por forma de su inflorescencia, la vriesea es una planta perenne. Compuesta de una roseta de hojas verdes en dos tonalidades, verde oscuro y claro, y una inflorescencia formada por brácteas de color escarlata que da unas flores de color amarillo. El tamaño medio de esta planta está entre los 60 y 80 cm de alto.

CUIDADOS

Le favorecen los lugares luminosos pero sin que la luz del sol incida directamente en ellas. Gusta de sitios cálidos y húmedos. En verano hay que vaporizar con frecuencia y regar una o dos veces por semana, evitando los encharcamientos, y aplicar un abono foliar. Reducir el riego en invierno.

FLORACIÓN Y MULTIPLICACIÓN

Florece a los 2 o 3 años de edad. Sus flores son de color amarillo anaranjado, llegando a medir unos 5 cm. Una vez han perdido su flor, mueren. Los vástagos, que salen alrededor de la base de la planta, se pueden recoger para plantarlos.